KLEINE AUSZEITEN
IM

-DREILÄNDERECK-

KLEINE AUSZEITEN IM

DREILÄNDERECK

DEUTSCHLAND · NIEDERLANDE · BELGIEN

HANS ZAGLITSCH

WOCHENEND & WOHNMOBIL

CAMPING- & STELLPLÄTZE · HIGHLIGHTS · AKTIVITÄTEN

BRUCKMANN

INHALT

EINLEITUNG ... 6
Grenzenlos
Zwischen Maastricht, Aachen und Lüttich

1 Historisch, lebhaft und burgundisch ... 14
Maastricht

2 Am Grenzfluss ... 26
Maas und Maasplassen

3 Mergelhöhlen, Brauereien und Schlösser ... 34
Valkenburg

4 Burgen und Bergbau ... 46
Wurm- und Broichbachtal

5 Fast wie in der Toskana ... 56
Südlimburg

6 Am Schnittpunkt dreier Länder ... 64
Vaals

7 Kaiserresidenz und Domstadt ... 72
Aachen

8 Kupfer und Kohle ... 84
Stolberg

9 Idyllisches Rurtal ... 94
Düren

10 Kunst, Kultur und Architektur ... 104
Lüttich

Ein absolutes Highlight im Dreiländereck: der Nationalpark Eifel

11 Durchs Herver Land 116
Aubel

12 Belgisches Wesertal 126
Eupen

13 Im Naturschutzgebiet Hohes Venn 138
Botrange

14 Durchs Vennvorland 144
Roetgen

15 Im Monschauer Land 150
Monschau

16 Natur pur 156
Nationalpark Eifel

Orts- und Sachregister 166
Impressum 168

GRENZENLOS

Zwischen Maastricht, Aachen und Lüttich

◀ Boudewijn-Turm ▲ Burg Stolberg ▼ Krönungssaal im Aachener Rathaus

Seit Jahrzehnten sind die Landesgrenzen in der Europäischen Union verschwunden, ebenso das lästige Geldwechseln und die zeitraubenden Passkontrollen. Der Reisepass wird kaum noch benötigt, doch sollte er trotzdem immer dabei sein. Das Reisen innerhalb der Europäischen Union – und damit auch im Dreiländereck – ist dadurch viel einfacher, viel leichter, viel bequemer geworden. Lediglich die Sprache in den unterschiedlichen Kulturräumen bildet noch ab und an ein kleines Hindernis, aber eher ein sehr kleines.

Mit Deutsch kann man sich in touristischen Bereichen im niederländischen Südlimburg und im Nordosten Belgiens problemlos verständigen. Je weiter man von Ostbelgien Richtung Lüttich reist, desto mehr wird Französisch gesprochen. Mit Englisch kann man sich dort nur vereinzelt verständigen. Nichtsdestotrotz lohnt es sich, auch mal über die Grenze bis nach Lüttich, ins Herver Land um Aubel oder ins Wesertal zwischen Eupen und Chaudfontaine zu blicken, wo Belgien sehr bezaubernde Seiten hat.

SCHÖNES IM DREILÄNDERECK

Dieser Wohnmobilführer zeigt Ihnen 16 schöne und interessante Ziele im Dreiländereck. Er führt Sie durch historische **Städte**, beschauliche **Dörfer** und zu interessanten **Sehenswürdigkeiten** und zeigt Ihnen Möglichkeiten, um **Naturschutzgebiete**, **Flusstäler**, **Moor- und Heidelandschaften** zu Fuß oder mit dem Rad zu erkunden. Am Ende jedes Highlights gibt es Informationen mit Adressen von Informationsstellen, einer Übersicht der Highlights, die Sie keineswegs verpassen sollten, sowie Praktisches zu Stell- und Campingplätzen. Im Infoblock werden auch Vorschläge für die Aufenthaltsdauer gemacht. Dies sollte aber nur als ein grober Anhaltspunkt betrachtet werden, denn zwei Tage, drei Tage oder doch eine ganze Woche unterwegs zu sein, ist durch das Angebot an Sehenswürdigkeiten und Freizeitmöglichkeiten kein Problem. An den vorgeschlagenen Zielen lässt es sich tagelang aushalten und die einzelnen Highlights lassen sich durch oft kurze Distanzen zudem auch gut verbinden. Das Netz an Verkehrswegen ist gut, ebenso der Zustand der Straßen. Staus kommen eher an Werktagen während der Hauptverkehrszeit in den Ballungsgebieten vor.

WISSENSWERTES ZU WOHNMOBILSTELL- UND CAMPINGPLÄTZEN

Die Anzahl der Wohnmobilstell- und Campingplätze ist flächendeckend, lediglich in Belgien ist das Angebot etwas dünner gesät. Die Ausstattung der Campingplätze variiert zwischen klein, einfach und zweckmäßig sowie groß mit kompletter Infrastruktur. Campingplätze sind häufig auf Dauercamper ausgerichtet, verfügen aber auch über einige Touristikplätze für eine Nacht, oft auch vor der Schranke. Da es öfter vorkommt, dass Stellplätze wegen hoher Auslastung zeitlich begrenzt geschlossen sind, ist eine Reservierung - wenn möglich - immer anzuraten.

Parkplätze für Wohnmobile sind in einigen Städten am Rande des Zentrums vorhanden, allerdings nur für kleinere Camper, weshalb die Anreise für eine Besichtigung mit öffentlichen Verkehrsmitteln oder dem Rad empfehlenswerter ist.

Während in Deutschland eine Infostelle als Touristeninformation hinlänglich bekannt ist, heißt sie in den Niederlanden VVV, Vereniging voor Vreemdenlingenverkeer, eine Organisation, die den regionalen Tourismus fördert und Besucher mit den notwendigen Informationen für die Region versorgt. In Belgien macht dies in den Orten der Infopunt.

Bestens unterhalten: der Wohnmobilstellplatz in Monschau

Einfach mal Pause machen und die stille Natur genießen

AKTIV IM DREILÄNDERECK

Das **Radwegenetz** im Dreiländereck ist gut und die Beschilderung (fast) perfekt, sodass Sie unterwegs nicht unbedingt ein Navi benötigen werden. Die ausgeschilderten Radrouten verlaufen teils auf separaten asphaltierten Radwegen, meistens aber auf verkehrsarmen Nebenstraßen und Wirtschaftswegen, wobei am Rand der Landstraßen oft ein Farbstreifen mit Sperrlinie für die Radler angelegt wurde. Entlang von Flüssen, in Wäldern und Naturschutzgebieten sind die Radwege nicht asphaltiert und oft mit Kies oder Sand befestigt. In einigen Altstadtkernen mindert das Kopfsteinpflaster den Radgenuss. Egal, ob Sie eine Radtour planen oder nicht: ein Rad sollte immer mitgenommen werden. Der Drahtesel ist schon wegen dem größeren Aktionsradius ein Muss. Zum Radeln empfiehlt sich übrigens ein stabiles, mehrgängiges Tourenrad oder besser noch ein Elektrofahrrad, denn das Dreiländereck kennt viele hügelige Ecken.

Die **beste Reisezeit zum Radeln** ist der Frühling und Frühsommer, wenn die Natur zu neuem Leben erwacht ist und die Temperaturen zum Radeln angenehmer als in den heißen Sommermonaten sind. Für Heidegebiete ist der August farblich am interessantesten, für Moorgebiete März und April, wenn das Wolfsmilchgras blüht.

Fast wie in der Toskana: die Landschaft im Süden der Provinz Limburg

Für **Wanderungen** gelten die gleichen Monate als beste Reisezeit wie beim Radeln. Die Wandermöglichkeiten im Dreiländereck sind groß. In den meisten Touristeninformationen und/oder auf den Webseiten der Orte gibt es informative Broschüren für die Wanderungen in der Umgebung, wie etwa in Roetgen über die Sternrouten Roetgen (roetgen.sternrouten.de). Neben klassischen Wandertouren gibt es in einigen Orten auch außergewöhnliche Touren wie im niederländischen Noorbeek. Dort werden Weingarten-Wanderungen veranstaltet, natürlich auch mit anschließender Verkostung des Rebensafts. In Kreuzau wurde ein 22 Kilometer langer Wassererlebnispfad entlang der Rur angelegt, und Außergewöhnliches zu Fuß bietet das Haus Ternell im belgischen Hohen Venn, etwa 20 Kilometer südlich von Roetgen. Dort werden kleine Touren unter dem Motto »Bewusstes Gehen in der Natur« und »Waldbaden für Anfänger und Fortgeschrittene« mit speziellen Themen wie »Die heilende Kraft des Waldes« und »Waldatmosphäre einatmen« angeboten. Auf eigene Faust in die Natur eintauchen kann man auf dem Wildnis-Trail im Nationalpark Eifel, ein rund 85 Kilometer langer, anspruchsvoller Wanderweg mit vier Tagesetappen zwischen 18 und 25 Kilometern, auf dem man viel über Flora und Fauna lernt und sich fernab der Zivilisation bewegt, sodass sich Natur und Ruhe äußerst positiv auf Geist und Körper auswirken werden.

Wer Spaß am **Klettern** hat: Klettermöglichkeiten, egal ob für Groß oder Klein, gibt es unter anderem im Hürtgenwalder Hochseilgarten (hochseilgarten-huertgenwald.com) und auf dem Abenteuer-Trail im niederländischen Kerkrade.

Liebhaber des **Wassersports** fahren in den Niederlanden am besten ins Maastal, vor allem nördlich von Maastricht, wo es mit den künstlichen Maasplassen hervorragende Wassersportgebiete gibt, die für jeden etwas in petto haben. In Belgien steuert man am besten den See von Robertville an und in Deutschland den Stausee Obermaubach, den Alsdorfer Weiher und den Rursee, wo auch Schiffsrundfahrten angeboten werden. Ob mit Kanu oder Kajak, mit Tret- oder Ruderboot, ob surfend oder stehend paddelnd – an den erwähnten Orten findet man auch den passenden Vermieter, falls man sein eigenes Gefährt nicht mitbringt.

◀ Blick auf die Monschauer Altstadt ▲ Wanderweg im Nationalpark Eifel
▼ Blick vom Krawutschketurm gen Westen

MIT KINDERN AN BORD

Jede Stadt, jede Region bietet auch immer etwas für die Jüngsten an. **Abenteuerspielplätze**, **Freizeitparks** mit Fahrgeschäften, **Skaterbahnen**, **Minigolfanlagen** und **Streichelzoos**. Von den klassischen Zoos in den Städten des Dreiländerecks ist der Aachener Euregiozoo mit einem Lehrpfad für Kinder zur umweltfreundlichen Energiegewinnung und einem Kinderbauernhof hervorzuheben. Hier können die Kids den ganzen Tag mitmachen, füttern, pflegen, ausmisten und nach getaner Arbeit mit Ponys reiten. Die Betreuung der Haustiere findet mit geschulten Pädagogen statt. Kinderbetreuung pur den ganzen Tag. Spiel, Spaß und jede Menge Unterhaltung bietet auch der Kerkrader Park Mondo Verde mit Tiergehege, Dinosaurierpark, Fahrgeschäften und Kinderspielplatz.

Interaktiv und für Kinder pädagogisch wertvoll ist auch die Ausstellung Wildnis(t)räume im Besucherzentrum Vogelsang IP inmitten des Nationalparks Eifel. Hier können die Kleinsten, aber auch die Großen an verschiedenen Stationen Dinge aus der Natur anfassen, ausprobieren, schnuppern, lauschen und vieles mehr. Ein Leitsystem erleichtert die Erkundungstour durch die Ausstellung, die auch mit Kinderwagen bequem zu befahren ist. Zudem gibt es eine umfangreiche Dokumentation über die einstige NS-Ordensburg Vogelsang, einen Shop für Mitbringsel und Gastronomie fürs leibliche Wohl.

◀ Outletcenter Maasmechelen Village ▶ Erlebnismuseum Lernort Natur

▲ Angelspaß für Groß und Klein in den Maasplassen ◀ Infozentrum in Dilsen-Stokkem ▶ Besichtigung der Fluweelengrot in Valkenburg

Auch das Erlebnismuseum Lernort Natur in Monschau ist für Kids bestens geeignet. Auf rund 200 Quadratmetern werden rund 1000 Tierpräparate ausgestellt, man kann hinter einer Glasscheibe ein emsiges Bienenvolk beobachten, eine Wolfs- und Bärenhöhle bestaunen, in Fühlkästen den Tastsinn und an Fellen den Geruchssinn aktivieren, ein Tierpräparat streicheln oder mit Tierpfoten hübsche Abdrücke in Ton als Souvenir machen - ein perfekter Ort für die Kleinen, aber auch für die Eltern, um einen verregneten Tag zu überbrücken.

Alles in allem lässt die Vielseitigkeit des Dreiländerecks kaum Langeweile aufkommen. Es gibt für jeden Geschmack, jedes Interesse und fast jedes Bedürfnis etwas. Dabei kommt auch das Entschleunigen nicht zu kurz, denn zwischen bewaldeten Hügeln, bunten Wiesen und Feldern gibt es jede Menge Orte, an denen man die Seele einfach baumeln lassen kann. Vielleicht mal im Ambiente eines **Thermalbads**? Dann sind Sie in der Aachener Carolustherme an der richtigen Stelle. Und wenn Ihr Wohnmobil auch noch auf dem Stellplatz in Bad Aachen steht, erhalten Sie Ermäßigung bei der Nutzung der Therme.

HISTORISCH, LEBHAFT UND BURGUNDISCH

Maastricht

Bootsanlegestelle und Bogenbrücke Sankt Servatius in Maastricht

1

Mittelalterliche Sakralarchitektur, kopfsteingepflasterte Altstadtgassen, verschwiegene Ecken, schattenreiche Plätze mit gemütlichen Kneipen sowie viel Kunst und Kultur zeichnen das auf römischen Fundamenten errichtete Maastricht aus. Die Stadt beidseitig der Maas ist pulsierendes Herz der Provinz Limburg, Universitätsstadt und Wiege des Euro. Viele Niederländer bezeichnen sie als »Perle des Südens«, für viele ist das lebhafte Maastricht aber auch eher untypisch für das sonst kalvinistisch geprägte Land, was unter anderem an der burgundischen Lebensart und dem bunten Karnevalstreiben liegt.

Der Wohnmobilstellplatz am Bosscherweg (siehe Auf einen Blick) liegt am Nordrand der rund 120 000 Einwohner zählenden Stadt, etwa drei Kilometer vom Zentrum entfernt. Das Wohnmobil sollten Sie wegen Parkplatzmangel in der Stadt allerdings stehen lassen. Es gibt einen sehr guten Radweg beim Stellplatz, der entlang der Straße direkt ins Zentrum von Maastricht um den Marktplatz führt. Auffallend am Westrand des Marktplatzes ist das **Standbild** des niederländischen Wissenschaftlers Johannes Petrus Minckeleers. Er hat das Leuchtgas und die Gaslampe erfunden, woran die stets brennende Fackel in seiner linken Hand heute noch erinnert. Gemütliche Terrassencafés säumen den Marktplatz, in dessen Mitte sich das historische **Rathaus** erhebt. Das hübsche Gebäude wurde Mitte des 17. Jahrhunderts von Pieter Post erbaut und präsentiert Spuren unterschiedlicher Machthaber. Der linke Trakt etwa zeigt niederländischen Klassizismus, während die rechte Hälfte deutliche Einflüsse aus dem französisch geprägten, fürstbischöflichen Lüttich aufweist. Wandteppiche aus Flandern, italienisches Stuckwerk und französisches Mobiliar ergänzen die Mischung. Ab 1664 bis weit in das 19. Jahrhundert hinein war das Rathaus samt Platz der Mittelpunkt der Stadt.

Tipp

Ein paar Schritte hinter dem Rathaus befindet sich das Einkaufszentrum Mosae Forum, wo sich im Keller gute Essgelegenheiten und der interessante Frischmarkt Mosae Gusto mit nationalen und internationalen Delikatessen und Spezialitäten befindet (mosaeforum.nl).

1

MAASTRICHT KULINARISCH

Überhaupt ist die kulinarische Seite der Stadt äußerst interessant. Die Restaurant-Szene ist sehr vielfältig, abwechslungsreich und von vielen internationalen Küchen beeinflusst. Maastricht wird deshalb auch als die kulinarische Hauptstadt der Niederlande angesehen. Wer bei Restaurants nach Köchen mit Michelin-Sternen sucht, wird unter anderem im Rantrée (rantree.nl), im Beluga Loves You (belugalovesyou.com) und im Tout à Fait (toutafait.nl) fündig. Die Preise sind dementsprechend aber auch im obersten Bereich angesiedelt.

Gegenüber dem Rathaus führt die Grote Gracht, später nach links die Helmstraat direkt zum **Vrijthof**, dem heutigen Mittelpunkt der Stadt. An der Ostseite des rechteckigen Platzes reihen sich unter schattigen Bäumen verschiedene Cafés und Kneipen mit gemütlichen Terrassen aneinander, die bei den ersten Sonnenstrahlen stark frequentiert sind. An der Nordseite prunkt das neoklassizistische **Generalshuis** von 1809, das ursprünglich Haus De Ceulenmeer genannt wurde und seit Beginn der 1990er-Jahre als Theater dient. Das Gebäude wurde auf den Fundamenten eines Frauenklosters errichtet, wovon einige Bauelemente im Theaterfoyer noch heute sichtbar sind.

Gemütliches Terrassencafé in der Altstadt von Maastricht

Schön verziertes Haupttor der Servatius-Basilika

KIRCHEN UND SCHATZKAMMERN

Die Westseite wird von der katholischen Servatius-Basilika (Servaasbasiliek) dominiert, der ältesten noch erhaltenen Kirche der Niederlande. Die dreischiffige romanische Kirche hat als Basis ein Holzkapelle, die zum Gedächtnis an den 384 in Maastricht verstorbenen Servatius über seinem Grab errichtet wurde. Mitte des 6. Jahrhunderts wurde das Holz durch Stein ersetzt, Ende des 10. Jahrhunderts wurde ein umfangreicher Neubau geplant, der wegen des permanent anwachsenden Zustroms von Pilgern notwendig wurde. In den darauffolgenden Jahrhunderten wurde die Basilika stets umgebaut und erweitert. In den 1980er-Jahren wurde sie schließlich einer grundlegenden Renovierung unterzogen, die zwölf Jahre dauerte. 1993 beschloss man, die renovierte Kirche nochmals zu weihen. In einem Nebengebäude der Basilika ist die Schatzkammer untergebracht, mit kunsthistorisch wertvollen Gegenständen, darunter mittelalterliche Textilien, das Servatius-Kreuz, der Servatius-Schlüssel und der Servatius-Schrein.

Links von der Basilika erhebt sich die protestantische Johanneskirche (Sint-Janskerk), die 1218 erstmals in Schriften auftauchte. 150 Jahre später brach während eines heftigen Sturms der Turm zusammen. Mitte des 15. Jahrhunderts wurde der 79 Meter hohe Turm wieder aufgebaut und blieb bis heute unverändert, bis auf seine charakteristische rote Farbe, die er 1984 erhielt und mit der er sich von den umliegenden Bauten deutlich abhebt.

Neoklassizistische Fassade des Generalshuis am Vrijthof

DASS DIE UHREN IN DEN NIEDERLANDEN manchmal anders ticken, zeigt sich unter anderem an der zweckentfremdeten Bestimmung von religiösen Bauwerken. Die gotische Kruisheren-Kirche zum Beispiel wurde in ein Luxushotel mit Glasaufzug im Inneren umgebaut, in einer Kirche beim Bonnefantemuseum wurde ein Hörsaal der Maastrichter Universität eingerichtet und die Dominikanerkirche im Stadtzentrum hat in ihrem Schiff laut der englischen Zeitung The Guardian »die schönste Buchhandlung der Welt«. Auch wenn Sie kein Buch kaufen möchten, lohnt der Blick in die Buchhandlung.

MUSEEN UND MEHR

An der Südseite des Vrijthofs befindet sich das privat geführte Museum am Vrijthof, früher bekannt als Spaans Gouvernement, das 1333 zum ersten Mal erwähnt wurde und damit zu den ältesten Häusern in Maastricht zählt. Das Museum ist seit einer grundlegenden Renovierung seit 2012 geöffnet und springt durch die rote Fassade sofort ins Auge. Seine Sammlung besteht aus Kunst und Antiquitäten, die vom Ehepaar Wagner-De Wit vor allem in den ersten Jahrzehnten des 20. Jahrhunderts zusammengestellt wurde. Neben Gemälden holländischer und flämischer Meister vom 16. bis zum 18. Jahrhundert und orientalischer Kunst sind unter anderem auch mittelalterliche Skulpturen, Möbel aus dem 17. und 18. Jahrhundert sowie Kunstobjekte aus Glas und Kristall zu bewundern. Eine Ausstellung widmet sich zudem der über 500 Jahre alten Maastrichter Industrie, in der vor allem Keramik, Silber, Glas und Zinn verarbeitet wurden. Außerdem werden regelmäßig Schauen zu nationalen und internationalen Fotografen abgehalten.

Etwa zehn Gehminuten südöstliches des Museums am Vrijthof liegt direkt am Maasufer der zum Verweilen einladende Stadtpark mit herrlichem Blick auf die Maas. Unterwegs kann man in der katholischen **Liebfrauen-Basilika** (Onze lieve vrouw-basiliek) noch einen Stopp einlegen. Bereits zur Römerzeit befand sich an dieser Stelle ein religiöses Bauwerk. Das heutige Gebäude datiert aus dem 11. Jahrhundert mit Erweiterungen und Fertigstellungen bis etwa Ende des 12. Jahrhunderts. Das Holzgewölbe des Kirchenschiffes wurde im 15. Jahrhundert durch eine robustere, gotische Steindecke ersetzt, die wiederum im 18. Jahrhundert erneuert wurde. Ende des 18. Jahrhunderts hat man im Zuge der Annektion Maastrichts durch die Franzosen das an die Basilika angeschlossene Stift aufgehoben und die Kirche zu weltlichen Zwecken genutzt. 1837 kaufte die Maastrichter Katholikengemeinde die Kirche und funktionierte sie wieder um.

Unterschiedliche Baustile in der Maastrichter Altstadt

1

Ein paar Schritte südlich der Basilika erstreckt sich im dem nach dem Fluss benannten Jekerviertel der Stadtpark mit dem runden **Vinckturm** aus dem 14. Jahrhundert, dem **Pesthaus** - einer ehemaligen Wassermühle aus dem 18. Jahrhundert zur Herstellung von Papier, die ihren Namen vom einst nahegelegenen Lager Pestkranker erhalten hat - und dem **Helpoort**, ein Stadttor aus der ersten mittelalterlichen Stadtmauer. Das Tor datiert aus dem 13. Jahrhundert und ist eines der ältesten noch erhaltenen Stadttore in den Niederlanden.

MAASTRICHT UNTERIRDISCH

Zu den Highlights der Stadt zählen zweifelsohne die Führungen durch die am Stadtrand gelegenen Mergelhöhlen und unterirdischen Gänge. Ohne Führung sind die Höhlen und Labyrinthe nicht zu besuchen (siehe Auf einen Blick). Im Waldeckpark am südwestlichen Rand des Zentrums wurden zur Verteidigung der Stadt die **Kasematten** mit unterirdischen Gängen angelegt. Die **Höhle Zonneberg** am Westufer der Maas gegenüber der Marina Maastricht diente im Zweiten Weltkrieg als Schutzkeller. Und am südlichen Stadtrand liegen tief im Inneren des Pietersbergs die **Höhlen Noord**. Am höchsten Punkt des Bergs thront das **Fort Sint Pieter**, das ab dem 17. Jahrhundert Maastricht gegen Angriffe schützte. Anlass für den Bau der fünfeckigen Befestigung war der Angriff durch die Truppen des

◀ Hoch über der Stadt: Fort Sint Pieter ▶ Blickfänger: das Maastrichter Rathaus

Bogenbrücke Sankt Servatius über die Maas

französischen Sonnenkönigs Ludwig XIV. im Jahr 1673. Mehr als 100 Jahre später standen wieder französische Truppen vor den Toren der Stadt. Sie probierten, das Fort zu sprengen, scheiterten aber an der massiven Bauweise. Auch wenn man das Fort nicht besichtigen möchte, lohnt sich der Ausflug hierher, denn von hier oben hat man einen wunderschönen Blick auf die Stadt und die Umgebung. Am Fuße des Bergs gibt es einen kostenpflichtigen Parkplatz, der für nicht allzu große Wohnmobile geeignet ist.

AM OSTUFER DER MAAS

Vom Stadtpark, dort wo das Flüsschen Jeker in die Maas mündet, gelangt man über die Fußgängerbrücke Hoge Brug ans Ostufer der Maas und in die jüngeren Stadtbezirke. Von der Brücke aus hat man einen herrlichen Blick auf die Altstadt am Westufer, die historische **Bogenbrücke Sankt Servatius** im Norden und das südlich liegende **Bonnefantenmuseum** mit einem auffallenden Rundturm. Das Museum beherbergt alte und zeitgenössische Kunst und wurde 1884 als Geschichts- und Archäologiemuseum der Provinz Limburg gegründet. Seinen Namen hat das Museum übrigens vom Frauenkloster Couvent des bons enfants (Kloster der guten Kinder), in dem es zwischen 1951 und 1978 untergebracht war.

Abendstimmung am Ostufer der Maas

Nach der Fußgängerbrücke geradeaus weiter trifft man auf das Centre Céramique, ein Kulturzentrum in hypermoderner Architektur. Auf der dritten und vierten Etage befindet sich die Bibliothek, wo auch Objekte aus der Stadtgeschichte permanent zur Schau gestellt werden. Die Ausstellungsstücke kommen aus den Bereichen Archäologie, Ton- und Glaskunstwerk. Zudem gibt es zwei Modelle vom römischen Maastricht und von der Stadt um die Mitte des 18. Jahrhunderts. Zeitgenössische Fotografie und wechselnde Ausstellungen runden das Programm ab.

IN DER BIERBRAUEREI BOSCH wird seit 1758 Bier gebraut, seit 1827 durch den neuen Eigentümer, Nicolaas Bosch, von dem auch der Name stammt. Bosch und seine Nachfolger machten aus der Brauerei eine der größten in Maastricht. Auf einer rund einstündigen Führung durch die Brauerei inklusive Verkostung werden den Besuchern das Brauen und seine Geschichte auf eindrucksvolle Weise vermittelt. Die Brauerei ist übrigens Industriedenkmal, völlig intakt und zu jeder Jahreszeit einen Besuch wert. Informationen über die Führungen und Verkostungen gibt es unter brouwerijbosch.nl/de.

AUF EINEN BLICK

Info

STADT/REGION: Maastricht, Provinzhauptstadt von Limburg
BESTE REISEZEIT: Ganzjährig
OPTIMALE REISEDAUER: 2–3 Tage
TOURISTINFO: Kleine Straat 1, 6211 ED Maastricht, Tel. +31(0)43/325 21 21, besuchemaastricht.de/entdecken/vvv-maastricht

SEHENSWÜRDIGKEITEN

RATHAUS: Markt 78, 6211 CL Maastricht, maastrichtportal.nl
MOSAE FORUM: Mosae Forum 163, 6211 DT Maastricht, mosaeforum.nl
GENERALSHUIS: Vrijthof 47, 6211 LE Maastricht, Tel. +31(0)43/350 55 44, theateraanhetvrijthof.nl
SERVATIUS-BASILIKA UND SCHATZKAMMER: Keizer Karelplein 4, 6211 TC Maastricht, Tel. +31(0)43/321 20 82, sintservaas.nl
JOHANNESKIRCHE: Vrijthof 24, 6211 LD Maastricht, stjanskerkmaastricht.nl
MUSEUM AM VRIJTHOF: Vrijthof 18, 6211 LD, Maastricht, Tel. +31(0)43/321 13 27, fotomuseumaanhetvrijthof.nl
LIEBFRAUEN-BASILIKA: Onze Lieve Vrouweplein 7, 6211 HD Maastricht, Tel. +31(0)43/321 38 54, sterre-der-zee.nl

◀ Roter Turm der Johanneskirche ▶ Terrassencafés am Vrijthof

AUF EINEN BLICK

MAASTRICHT UNTERIRDISCH: verschiedene Startpunkte für eine Führung, zu finden unter exploremaastricht.nl/de/maastricht-underground
BONNEFANTENMUSEUM: Avenue Ceramique 250, 6221 KX Maastricht, Tel. +31(0)43/329 01 90, bonnefanten.nl
CENTRE CÉRAMIQUE: Avenue Ceramique 50, 6221 KV Maastricht, Tel. +31(0)43/350 56 00, centreceramique.nl/home

WOHNMOBILSTELLPLATZ MAASTRICHT

ADRESSE: Bosscherweg 35, 6219 ND Maastricht, Tel. +31(0)6/15 10 30 85, camperplaatsnederland.nl
ANFAHRT: Auf der A2 Ausfahrt Maastricht-Centrum Noord, danach dem Viaductweg folgen und nach der Noorderbrug über die Maas (Nordbrücke) und die Ausfahrt Lanaken-Maasmechelen nehmen, wodurch man direkt auf den Bosscherweg kommt.
GPS: 50.875000, 5.680278
Großer Wohnmobilstellplatz mit rund 100 Stellplätzen auf befestigtem Untergrund, direkt am Maasufer gelegen. Sehr gute Infrastruktur mit Münzautomaten für Frischwasser, gratis Entsorgung von Grauwasser und Chemietoilette, doch haben nur zwei Drittel der Stellplätze Stromanschluss (16A). Sanitäranlage mit Duschen, Toiletten und Waschbecken vorhanden. Radweg und Haltestelle für Bus ins Zentrum in unmittelbarer Nähe. Gehobene Preiskategorie!

◀ Camping Oosterdriessen ▶ Gepflegt: der Maastrichter Stellplatz

◀ Am Stellplatz Maastricht ▶ Buchhandlung in der Dominikanerkirche

WOHNMOBILSTELLPLATZ MARINA MAASTRICHT

ADRESSE: Hoge Weerd 20, 6229 AM Maastricht,
Tel. +31(0)6/46 41 22 89, maastrichtmarina.nl
ANFAHRT: Auf der A2 Ausfahrt 56 Gronsveld, danach Richtung Maastricht-Eijsden. Nach ca. 500 Metern rechts auf den Kobbesweg und nach etwa einem Kilometer rechts auf die Hoge Weerd.
GPS: 50.824167, 5.703889
Direkt am Jachthafen von Maastricht gelegener Wohnmobilstellplatz mit 24 Stellplätzen. Gute Infrastruktur mit unter anderem Elektroanschluss, Entsorgung von Grauwasser und Chemietoilette, WC und Duschen. Wegen großer Nachfrage ist eine Reservierung anzuraten. Gehobene Preiskategorie! Ab dem Stellplatz kann man übrigens mit dem Rad (ca. 15 Minuten), dem Bus (ca. 30 Minuten) und je nach Saison mit dem Wassertaxi (ca. 20 Minuten) ins Zentrum von Maastricht fahren.

CAMPING DE BOSRAND

ADRESSE: Moerslag 4, 6265 NC Sint Geertruid,
Tel. +31(0)43/409 15 44, campingdebosrand.nl
ANFAHRT: Auf der A2 Ausfahrt 57 Oost-Maarland (aus nördlicher Richtung) bzw. Ausfahrt 58 Eijsden nehmen und dann der Ausschilderung Mariadorp-Moerslag-Sint Geertruid folgen.
GPS: 50.785865, 5.748159
Schön gelegener Campingplatz, etwa elf Kilometer vom Maastrichter Zentrum entfernt und bestens geeignet, wenn man die Stadt, das südliche Maastal und Süd-Limburg kombinieren möchte. Neben den üblichen Standardplätzen gibt es mittlerweile auch vier befestigte Stellplätze für Wohnmobile. Komplette Infrastruktur vorhanden. Reservierung für die speziellen Camperplätze ist anzuraten.

AM GRENZFLUSS

Maas und Maasplassen

Bootsanlegestelle in einem Seitenarm der Maas

2

Die Maas trennt auf etwa 50 Kilometer nördlich und südlich von Maastricht die Niederlande von Belgien. Beidseitig des Grenzflusses liegen historische Dörfer in einer sehr variierten Landschaft aus verzweigten Flussarmen, uralten Auen, Obstgärten, Grasland, Kuhweiden, Kies- und Sandbänken sowie einem Kanal, um die Maas schiffbar zu machen. Die jahrzehntelange Förderung von Kies, Grind und Sand ist auch der Grund für die Entstehung der Maasplassen – künstliche Seen, ein paar Kilometer nördlich von Maastricht.

Die **Maasplassen** sind heute teils Schutzzonen für Vögel, teils Freizeitoasen für Wassersportler, Wanderer, Radler und Sonnenanbeter. Hier lässt sich die Auszeit wunderbar gestalten, hier kann man segeln, tauchen, surfen, angeln, schwimmen, Rundfahrten mit Ausflugsschiffen unternehmen oder einfach nur die Füße hochlegen. Sandstrände gibt es unter anderem in Ohé en Laak, Stevensweert, Roermond, Panheel und im belgischen Geistingen. Bootsrundfahrten werden unter anderem in Maasbracht, Wessem, Roermond und Thorn angeboten. Radwege gibt es entlang beider Maasufer mit einer Handvoll Brücken und einer Radfähre vom niederländischen Ohé en Laak ins belgische Ophoven. In Ohé en Laak befinden sich auch zwei gute Ausgangspunkte: der Wohnmobilstellplatz Maasterp im gleichnamigen Hafen oder der nahegelegene Campingplatz Maashoeve (siehe Auf einen Blick).
Und wenn Sie genug von einer aktiven Auszeit, Besichtigungen oder relaxen am Maasufer haben, dann lohnt sich ein Ausflug nach Roermond, ein hübsches Städtchen mit gemütlichem Zentrum und einigen sehenswerten Bauwerken, allen voran die Christopherus-Kathedrale aus dem 15. Jahrhundert. Doch die meisten Besucher kommen nicht wegen der Sehenswürdigkeiten hierher, sondern wegen des **Designer Outlet Roermond** am Nordrand des Zentrums. 2001 eröffnete dieses rund 46 000 Quadratmeter große Einkaufszentrum mit etwa 200 Geschäften. In dieser Shopping-Walhalla haben sich fast alle großen Namen gefestigt, von A wie Adidas über K wie Calvin Klein und P wie Puma bis hin zu Z wie Zara. »Shop till you drop« ist hier eher Regel als Ausnahme. Es gibt einen riesengroßen, kostenpflichtigen Parkplatz, auf dem auch Wohnmobile Platz haben.

2

LINKS UND RECHTS DER MAAS

Kultur, Geschichte und gepflegte Dorfkerne: Zwischen den Maasplassen und Maastricht liegen beidseitig des Flusses historische Dörfer, die sich mit dem Wohnmobil oder dem Rad bestens erkunden lassen. Ein paar Kilometer nördlich vom Wohnmobilstellplatz in Ohé en Laak liegen **Wessem** mit einer sehenswerten Altstadt um die Sint-Medardus-Kirche und **Maasbracht** mit einem kleinen Binnenschifffahrtsmuseum und einer sehr beeindruckenden, riesigen Schleuse im Julianakanal. Highlight ist allerdings die Festungsstadt **Stevensweert** zwischen Maas und Oude Maas. Der historische Kern ist klein, zu Fuß leicht zu erkunden und wird von einer Wehranlage dominiert, die 1633 von den Spaniern während des Achtzigjährigen Kriegs mit den Niederlanden errichtete wurde. Die Befestigung ist teilweise rekonstruiert und begehbar. Kern der Altstadt ist der Marktplatz, um den sich hübsche historische Gebäude gruppieren. Es gibt am Platz einen Parkplatz, allerdings nur für kleinere Wohnmobile. Richtung Süden, ein paar Kilometer vor Maastricht, lohnt sich ein kurzer Stopp im niederländischen **Elsloo** mit einem interessanten Museum über die Region. Etwa vier Kilometer weiter südlicher trifft man auf ein Unikum: eine Whiskey-Destillerie in Moorveld (mworvelddistillery.com).

Historischer Kern in Oud-Rekem, Belgien

Mit dem Wohnmobil im Zentrum von Stevensweert

Auf belgischer Seite sollte man **Maaseik** besuchen, einer der malerischsten Flecken in Ostflandern mit historischen Gebäuden um den Marktplatz (Grote Markt) und einer Handvoll Museen. Nach **Dilsen-Stokkem** kommen die Besucher vor allem wegen des wunderschönen Naturschutzgebiets an der alten Maas, wo sich auch das Informationszentrum De Wissen mit interessanten Daten und Fakten zum Fluss, zu seinen Bewohnern und zur Natur am Ufer befindet, während **Maasmechelen** mit dem Outletcenter Maasmechelen Village lockt. Wer im Design Outlet Roermond nicht fündig wurde, kann hier sein Glück versuchen.
Kurz vor Maastricht lohnt sich noch ein Blick in den historischen Kern von **Oud-Rekem** mit dem privaten Schloss d'Aspremont-Lynden. Vom Wohnmobilstellplatz in Ohé en Laak bis nach Maastricht sind es übrigens etwa 35 Kilometer.

KEINE LUST ZUM KOCHEN? Stattdessen wollen Sie sich lieber kulinarisch verwöhnen lassen? Neben einer Vielzahl an einfachen und gehobenen Restaurants zwischen Roermond und Maastricht gibt es hier auch eine Handvoll Top-Restaurants mit einem Michelin-Stern und größtenteils französischer Küche. In Neerharen hat das La Source (restaurantlasource.be) und in Roermond das Sabero (sabero.nl) mittlerweile zwei Sterne. Das Da Vinci in Maasbracht (restaurantdavinci.nl) und das Vivendum in Dilsen-Stokkem (restaurant-vivendum.com) können mit einem Stern aufwarten, ebenso das One in Roermond (restaurantone.nl).

Schloss Eijsden im Maas-Renaissancestil

SÜDLICH VON MAASTRICHT

Ein paar Kilometer südlich von Maastricht erstreckt sich der See Grindgat in Oost-Maarland mit dem Campingplatz Osterdriessen, einem guten Ausgangspunkt, um die Region bis über die belgische Grenze zu erkunden, wie das geschichtsträchtige **Fort Eben-Emael**. Bei Eijsden, rund drei Radkilometer vom Campingplatz entfernt, gibt es eine Radfähre, die Sie ans andere Ufer nach Lanaye bringt. Ab hier sind es etwa fünf Kilometer bis zum Fort. Eben-Emael ist ein riesiger, größtenteils unterirdischer Komplex. Bis zu 45 Meter unter der Erdoberfläche befinden sich Maschinenräume, Offiziersmesse, Krankenstation, Kaserne für 1200 Mann, Unterkünfte für Offiziere und Werkstätten, die mit Gängen verbunden sind. Die Gesamtlänge der Gänge beträgt rund fünf Kilometer, der Umfang des militärischen Geländes betrug 75 Hektar. Der militärische Komplex kann mit oder ohne Führung besichtigt werden.

Eijsden ist die südlichste Gemeinde der Niederlande und aus touristischer Sicht der interessanteste Ort in der Gegend. Seine Geschichte reicht bis weit ins Mittelalter zurück. Reste von Fundamenten einer Burg aus dieser Zeit wurden bei der Martinuskirche ausgegraben. Zu Beginn des 13. Jahrhunderts gehörte Eijsden zum Herzogtum Limburg. Ende des 13. Jahrhunderts kam es zum Herzogtum Brabant. Danach wechselten sich die blaublütigen Besitzer ab und es festigten sich Kaufmannsleute, die Eijsden zur Blütezeit verhalfen. Ende des 18. Jahrhunderts machten die Franzosen dem wirtschaftlichen Aufschwung Eijsdens ein Ende und annektierten es. Seit 1839 gehört die Stadt zu den Niederlanden.

Entlang der Maas gibt es gemütliche Terrassencafés und Restaurants, die zum Verweilen einladen und um den Platz Vroenhof gruppiert sich der hübsche Kern, der jedes Jahr am zweiten Sonntag nach Pfingsten für zwei bis drei Tage Schauplatz einer spektakulären Prozession ist. Mitten im Ort erhebt sich Schloss Eijsden, das Mitte des 17. Jahrhunderts im sogenannten Maas-Renaissancestil errichtet wurde. Kennzeichnend für diesen regionalen Stil ist unter anderem der Mix aus Backstein und Naturstein aus den umliegenden Steinbrüchen. Das Schloss kann aber nicht besichtigt werden.

Tipp

Der Name ist Programm im Spaßtal Fun Valley am Grindgat mit herrlichem Sandstrand samt Liegewiese und Beachbar, einem Tretbootverleih, einem Abenteuerwald und Spielplätzen für die Kinder. Die Großen können sich beim Paintball austoben, ein taktisches Spiel, bei dem sich die Gegner mit Farbkugeln markieren. Der Getroffene muss dann die Spielwiese verlassen. Mehr Informationen über die Möglichkeiten im Spaßtal gibt es unter funvalleymaastricht.nl.

Gastronomiemeile am Maasufer bei Eijsden

AUF EINEN BLICK

Info

STADT/REGION: Maastal, Provinz Limburg
BESTE REISEZEIT: Mai–September
OPTIMALE REISEDAUER: 2–3 Tage

TOURISTINFOS

MAASPLASSEN: VVV Roermond, Markt 17, NL-6041 EL Roermond, +31(0)475/33 58 47, hartvanlimburg.nl/de/dagje-uit/maas-seen
WESSEM: hartvanlimburg.nl/de/locatie/fuehrung-durch-die-historische-maasstadt-wessem
MAASBRACHT: Markt 36, NL-6051 Maasbracht, Tel. +31(0)475/85 25 00, gemeentemaasgouw.nl/home/deutsch_42336
STEVENSWEERT: Jan van Steffeswertplein 1, NL-6007 BZ Stevensweert, Tel. +31(0)475/55 02 36, hartvanlimburg.nl/de/festungsstadt-stevensweert
ELSLOO: elsloo.info/toerisme
MAASEIK: Markt 45, B-3680 Maaseik, Tel. +32(0)89/81 92 90, visitmaaseik.be/de
DILSEN-STOKKEM: Negenoordlaan 2, B-3650 Dilsen-Stokkem, Tel. +32(0)89/75 21 71, toerisme-dilsen-stokkem.be
MAASMECHELEN: Zetellaan 35, B-3630 Maasmechelen, Tel. +32(0)89/76 98 88, visitmaasmechelen.com/de
OUD-REKEM: Kanaalstraat 11, B-3621 Rekem, Tel. +32(0)89/72 24 67, lanaken.be/visitlanakende
FORT EBEN-EMAEL: Rue du Fort 40, B-4690 Eben-Emael, Tel. +32(0)4/286 28 61, fort-eben-emael.be/de

WOHNMOBILSTELLPLATZ MAASTERP

ADRESSE: Dijk 3, NL-6109 RB Ohé en Laak
ANFAHRT: Auf der A2 Ausfahrt 45 Echt, Ohé en Laak, dann der Ausschilderung Ohé en Laak folgen, im Ort in die Burgermeester Minkenberglaan einbiegen und nach etwa 600 Metern der Ausschilderung Brasserie Maasterp folgen.
GPS: 51.110497, 5.819317

◀ Camping Maashoeve ▶ Wohnmobilstellplatz Maasterp

Ruhige, großräumige Stellplätze am West- und teils am Nordufer des Jachthafens Maasterp sowie am Ufer des Dilkensplas. Kleines, einfaches Häuschen mit der notwendigen Infrastruktur wie WC und Duschen, aber etwas älteren Datums. Freundliches Personal. Der Campingplatz Maasterp verwaltet den Wohnmobilstellplatz (maasterp.nl).

CAMPING MAASHOEVE

ADRESSE: Moeder Mgdalenastraat 13A, NL-6109 RC Ohé en Laak, Tel. +31(0)475/55 82 00, maashoeve.nl

ANFAHRT: Auf der A2 Ausfahrt 45 Echt, Ohé en Laak, dann der Ausschilderung Ohé en Laak folgen und immer auf der Durchfahrtsstraße bis zur T-Kreuzung beim Hotel/Restaurant Laakerhof fahren (ca. 4,5 Kilometer ab der Autobahn). Danach geht es links zum Campingplatz (ca. 700 Meter).

GPS: 51.117248, 5.817878

Sehr ruhiger, gepflegter Campingplatz nur für Erwachsene mit großräumigen, durch Hecken umgebene Plätze. Saubere Sanitäranlagen, Entsorgung für Grauwasser und Chemietoilette.

ALTERNATIVEN

An der Ortseinfahrt von Ohé en Laak gibt es noch den Campingplatz De Sangershoeve (sangershoeve.nl), wo allerdings Hochspannungsleitungen über den Platz führen. Wenn Sie im südlichen Abschnitt des Maastals stehen möchten, finden Sie Platz auf dem Camping De Oosterdriessen (oosterdriessen.nl) oder auf jenen in Maastricht (siehe Highlight 1).

MERGELHÖHLEN, BRAUEREIEN UND SCHLÖSSER

Valkenburg

Wunderschöne Aussicht von der Burg Valkenstein

3

Dass die Niederlande nicht überall flach sind, beweist die Provinz Zuid-Limburg um das hübsche Städtchen Valkenburg. Die knapp 17 000 Einwohner zählende Stadt ist seit Mitte des 19. Jahrhunderts der Touristenmagnet in dieser Region. An manchen Tagen quillt die Stadt von Besuchern über, vor allem im milden Frühling und bunten Spätsommer tummeln sich die Besucher in der romantischen Altstadt. Dies sollte Sie allerdings nicht davon abhalten, das äußerst charmante, malerisch an der idyllischen Geul gelegene Städtchen für ein paar Tage zu besuchen.

Am Südrand von **Valkenburg** liegt über der Stadt der Campingplatz Den Driesch (siehe Auf einen Blick), ein guter Ausgangspunkt für die Besichtigung des mittelalterlichen Städtchens zu Fuß und die Umgebung mit dem Rad. Von der historischen Bausubstanz erhalten sind noch Reste der mittelalterlichen Stadtmauer, zwei kleine Stadttore, die Zugang zur romantischen Altstadt geben mit der für Wohnungen genutzten **Burg Den Haldern**, direkt an der Geul gelegen. Wahrzeichen der Stadt ist die aus Mergelgestein errichtete **Burg Valkenstein**. Sie erhielt ihr heutiges Aussehen im 17. Jahrhundert und entstand aus einem Verteidigungsturm der Stadtbefestigung, der im 14. Jahrhundert erstmals erwähnt wurde. Die Basis der Stadt war allerdings Schloss Genhoes. Die Herren dieses Wasserschlosses verlegten ihren Sitz im 11. Jahrhundert auf den Heunsberg, wo eine Befestigungsburg errichtet wurde. Heute ist Valkenstein – eine der wenigen Höhenburgen der Niederlande überhaupt, da alle anderen als Wasserburgen zu Buche stehen – als Ruine erhalten und der Ausblick auf die Stadt von hier oben ist wunderschön.

Im Gemeindegebiet gibt es weitere Adelssitze, die heute meistens als Hotels genutzt werden. Besuchermagneten von Valkenburg sind die Mergelhöhlen, keine natürlich entstandenen Grotten, sondern Gänge in den ehemaligen Steingruben. Im Zweiten Weltkrieg dienten die Höhlen als Luftschutzbunker. Die **Fluweelengrot** und die **Gemeentegrot** sind dabei die am meisten besuchten unterirdischen Labyrinthe, können aber nur mit Führung besichtigt werden. Das touristische Angebot wird unter anderem abgerundet von einer nachgebauten **Steinkohlenmine**, den originalgetreu nachgebauten römischen **Katakomben** mit frühchristlichen Kunstwerken, einem **Märchenwald**, dem **Freizeitpark Valkenier**, einer **Sommerrodelbahn** und einem **Aussichtsturm**, der mit einer Seilbahn erreicht werden kann. Im ehemaligen Rathaus gibt es zudem ein kleines **Museum** mit Informationen über die Geschichte der Stadt und der Region, sowie mit Kunstwerken einheimischer Künstler, die nicht nur an verregneten Tagen einen Besuch lohnen.

Tipp

Die meisten unter Ihnen werden die eigenen vier Wände des Wohnmobils kaum gegen eine Übernachtung eintauschen wollen, allerdings eine Nacht in einer stets zwölf Grad kalten Mergelhöhle ist schon etwas ganz besonderes und eine einzigartige Erfahrung, die man nicht so schnell vergessen wird. Die Höhlenluft soll übrigens gut für die Atemwege sein und einst hatte man auch die Idee, aus den Höhlen sogenannte Luftkurorte zu machen, was allerdings aus verschiedenen Gründen scheiterte. In der Höhle können bis zu 50 Personen eine Nacht unter einfachsten Umständen verbringen. Es gibt allerdings nicht täglich das Angebot einer Übernachtung. Mehr Informationen dazu unter cave-experience.nl.

Rundgang in der Fluweelenhöhle in Valkenburg

Valkenburg aus der Vogelperspektive

EINE HANDVOLL SCHLÖSSER UND JEDE MENGE NATUR

Das idyllische Geul-Tal zwischen Valkenburg und Gulpen überrascht auf einer Länge von rund zehn Kilometern mit Schlössern, Weingütern, Bierbrauereien und viel Natur. Ein Radweg erleichtert die Erkundung des schmalen Tals. Ein guter Startpunkt ist das in Alt-Valkenburg gelegene **Schloss Oost**. Das spätmittelalterliche Schloss kann nicht besichtigt werden. Es steht unter Denkmalschutz und ist derzeit im Besitz der Gemeinde. Zwischen 2010 und 2015 beherbergte es die International Butler Academy, eine der besten Butler-Ausbildungsstätten der Welt. Seit 2016 hat die Akademie ihre Schule einige Kilometer weiter ins Kloster Simpelveld verlegt, ist aber noch stets Mieter des Schlosses und will es vielleicht auch in Zukunft kaufen.

Südlich des Schlosses erstreckt sich der **Geul-Park**. Klein, aber fein ist dieser teils barocke Schlosspark, durch den die Geul mäandert. Über angelegte Pfade ist der Park zu begehen, vorbei an viel Grün, einem Naturspielplatz für Kinder und kleine Kieselstrände, die zum Verweilen einladen.

Weiter Richtung Süden durchs Geul-Tal trifft man nach kurzer Zeit auf das **Schloss Schaloen**. Das aus Mergelgestein gebaute Schloss datiert aus dem 12. Jahrhundert und ist von einer Gracht umgeben, die von der

Malerisches Geul-Tal nahe Gulpen

Geul gespeist wird. Nach einer Erweiterung im 13. und 14. Jahrhundert fiel es im 16. Jahrhundert einem Brand zum Opfer. Nach rund einem unbewohnten Jahrhundert wurde es Mitte des 17. Jahrhunderts restauriert. Nach mehreren Besitzerwechseln, Ausbauten und Renovierungen hat man es schließlich zum Luxushotel umgebaut.
Bereits einen halben Kilometer weiter erhebt sich das nächste historische Gebäude: **Schloss Genhoes**. In seiner heutigen Form entstand das Wasserschloss im 15. Jahrhundert. Bis ins 18. Jahrhundert wurde es durch Erweiterungen und Modernisierungen ausgebaut und um einen barocken Garten ergänzt. Das Schloss war bis 1929 bewohnt. Mitte der 1950er-Jahre erwarb der Verein zur Erhaltung von Denkmälern das rund 88 Hektar große Anwesen, das seither als Wohnanlage genutzt wird, weshalb das Schloss nur von außen zu besichtigen ist.

WEITER NACH WIJLRE

Auf etwa halber Strecke zwischen Valkenburg und Gulpen liegt die Ortschaft Wijlre. Unterwegs durchquert man Schijn op Geul mit hübschen Fachwerkhäusern und Schoonbron, beides Orte, die über eine gute touristische Infrastruktur verfügen, von Bungalowparks und Campingplätzen bis hin zu Hotels und Restaurants. Man kann hier einen Stopp einplanen.

Hauptattraktion von Wijlre ist **Schloss Wijlre** an der Geul, das bereits im 11. Jahrhundert erstmals erwähnt wurde. Um das Schloss wurde im 19. Jahrhundert ein schöner Landschaftsgarten angelegt. In 1981 erwarben die Kunstsammler Jo und Marlies Eijck das Anwesen, restaurierten das damals verfallene Schloss samt Nebengebäude und Park. 20 Jahre später wurde der Kunstpavillon Hedge House errichtet mit unter anderem einem Ausstellungsraum für zeitgenössische Kunst. In den Jahren danach wurden immer wieder Kunstausstellungen und andere kulturelle Projekte organisiert. 2017 kam das Anwesen zum Elisabeth Strouven Fonds, der seither alle kulturellen Aktivitäten organisiert und für den Unterhalt des Anwesens verantwortlich ist.

Etwa 1,5 Kilometer südlich vom Schloss Wijlre, wo der Bach Eyserbeek, die Geul und die Gulp zusammenfließen, liegt noch ein weiterer fürstlicher Bau: das **Kastell Cartlis**, das sich seit dem 20. Jahrhundert in Privatbesitz befindet und deshalb nicht besichtigt werden kann.

Kloster Wittem aus der Luft

3

Besuchen, wenn auch mit Voranmeldung, kann man aber die Bierbrauerei Brand, deren Standort im Zentrum von Wijlre liegt. Bierbrauen hat in der Provinz Limburg bereits eine sehr lange Tradition, die bei Brand bis ins 14. Jahrhundert zurückreicht. 1871 erhielt die Brauerei ihren Namen vom damaligen Besitzer Edmont Brand, der zu Beginn des 20. Jahrhunderts als einer der ersten das Pils auf den niederländischen Markt brachte. Anfang der 1960er-Jahre wurde die Brauerei zum Hoflieferanten der niederländischen Royals, 30 Jahre später fügte Heineken die Marke Brand seinem Konzern hinzu.

LIMBURGER BIERE GENIESSEN nicht nur in den Niederlanden Anerkennung. In den Brauereien im Geul-Tal haben Brand, die älteste Brauerei in den Niederlanden, und Gulpener ihre Standorte. In den Kupferkesseln entstehen einfache Lager, Pils und Weizenbiere neben Starkbieren unter dem Namen Tripel sowie Saisonbiere wie der Herbst-, Frühlings- oder Winterbock, Klosterbiere und biologische Biere. Für Bierliebhaber lohnt sich in jeden Fall ein Stopp in einer der Brauereien. Sie bieten beinah täglich Führungen durch die Produktionsstätten und Verkostungen an. Mehr dazu unter gulpener.nl und brand.nl.

Blick vom Gulpener Berg auf das Bierstädtchen Gulpen

◀ Gemütlicher Innenhof der Gulpener Brauerei ▲ Im Zentrum des südlimburgischen Mechelen ▼ Köstlich und erfrischend: Gulpener Bier mit Häppchen

ZUM SCHLUSS NACH GULPEN

Endpunkt auf dieser Eindeckungsreise durch das Geul-Tal ist Gulpen, die zweite, landesweit bekannte Brauerei-Stadt in Limburg. Man sieht der rund 4000 Einwohner zählenden Stadt am Zusammenfluss der Geul und der Gulp nicht an, dass ihre Wurzeln bis ins frühe Mittelalter reichen. Von der historischen Architektur ist im Zentrum wenig erhalten geblieben. Dafür gibt es im Gemeindegebiet von Gulpen zwei romantische Schlösser und ein historisches Kloster, die allesamt ein paar Radminuten vom Zentrum entfernt sind. **Schloss Wittem**, im gleichnamigen Ortsteil gelegen, ist seit Jahrzehnten ein Hotel und nur Gästen zugänglich, aber von außen ist der Prachtbau ebenso beeindruckend. Das nur einen Steinwurf entfernte **Kloster Wittem** wurde zwischen 1729 und 1733 errichtet und ist seit den 1920er-Jahren ein stark frequentierter Pilgerort. Teile der Klosteranlagen dienen heute als Zentrum für Kongresse und diverse Veranstaltungen. Südwestlich von Gulpen befindet sich **Schloss Neuburg**. Basis des heutigen Wasserschlosses ist eine mittelalterliche Burg aus dem 14. Jahrhundert, die im 17. Jahrhundert zu einem Schloss ausgebaut wurde. Danach wurde das Schloss mehrmals umgebaut und abwechselnd als Wohnsitz, als Internat für Jesuitenpater und als Hotel genutzt. Am Ende des Zweiten Weltkriegs

Panoramablick vom Gulpener Berg gen Süden

war es das Hauptquartier der amerikanischen Armee. In den 1950er-Jahren wurde es erneut als Hotel genutzt. Danach stand das Schloss leer, wurde in den 1970er-Jahren von den heutigen Eigentümern erworben und 2004 vollständig restauriert.

Um die Stadt und die Umgebung auch mal von oben zu sehen, wurde auf dem **Gulpener Berg** ein Aussichtspunkt eingerichtet. Im Ort bei der Ampel geht es durch den Akkerweg Richtung Aussichtspunkt. Der Weg nach oben ist bestens ausgeschildert, ein Parkplatz, auch für Wohnmobile, ist vorhanden. Vorsicht aber beim Hochfahren, denn die Straße ist bei Rennradfahrern sehr beliebt, die hier ihre Kondition und Kraft testen! Vom Parkplatz sind es ein paar Schritte zum Aussichtspunkt. Bei einem Rundblick über die Region erkennt man das entfernte Mechelen südlich von Gulpen. Von hier oben sieht man natürlich nicht, was dieses traditionelle, vom mittelalterlichen Ritterorden der Johanniter gegründete Dorf zu bieten hat und ob es sich für einen kurzen Ausflug lohnt: Schöne Fachwerkhäuser, historische Bauernhöfe, die Sint-Jan-Dorfkirche und der Heerenhof, der Ursprung des Ortes, laden zu einen kurzen Rundgang durch den Kern ein. Die wunderschöne Lage in einer hügeligen Umgebung am Mechelder-Bach tragen zur Atmosphäre noch einiges bei. Einen Parkplatz, auch für Wohnmobile geeignet, gibt es hinter der Dorfkirche, von wo aus der Kern nur ein paar Schritte entfernt ist.

3

Tipp

Einmal im Jahr pilgern Radsportfans vor allem aus den Niederlanden und Belgien in den Süden der Provinz Limburg um Valkenburg zum klassischen Straßenradrennen Amstel Gold Race, das seit Mitte der 1960er-Jahre abgehalten wird und nach der niederländischen Biersorte Amstel, das heute zum Heineken-Konzern gehört, benannt ist. Neben einem Profi-Radrennen wird seit einigen Jahren auch ein sogenanntes Jedermannsrennen abgehalten. Wer mitmachen möchte, muss sich vorher anmelden (amstel.nl/amstelgoldrace).

Historisches Haus im Zentrum von Mechelen

AUF EINEN BLICK

Info

STADT/REGION: Valkenburg, Provinz Limburg
BESTE REISEZEIT: Mai–September
OPTIMALE REISEDAUER: 3–4 Tage
TOURISTINFO: Walramplein 6, 6301 DD Valkenburg, Tel. +31(0)43/609 85 00, vvvvalkenburg.nl

SEHENSWÜRDIGKEITEN

BURGRUINE & FLUWEELENGROT: Daalhemerweg 27, 6301 BJ Valkenburg, Tel. +31(0)43/820 00 40, kasteelvalkenburg.nl/de
GEMEENTEGROT: Cauberg 4, 6301 BT Valkenburg, Tel. +31(0)43/601 22 71, gemeentegrot.nl
RÖMISCHE KATAKOMBEN: Plenkertstraat 55, 6301 GL Valkenburg, Tel. +31(0)43 6012554, romeinsekatakomben.nl
MÄRCHENWALD: Sibbergrubbe 2a, 6301 BN Valkenburg, Tel. +31(0)43/601 29 85, sprookjesbos.nl
FREIZEITPARK DE VALKENIER: Koningswinkelstraat 53, 6301 WH Valkenburg, Tel. +31(0)43 601 22 89, pretpark-de-valkenier.nl
SEILBAHN, SOMMERRODELBAHN & AUSSICHTSTURM: Neerheim 44, 6301 CJ Valkenburg, Informationen und Reservierungen bei Agogo, Tel. +31(0)43/609 06 09, agogovalkenburg.nl
SCHLOSSGARTEN OUD-VALKENBURG (SCHLOSS SCHALOEN): Oud Valkenburg 1, 6305 AA Schin op Geul, Tel. +31(0)43/459 26 84, kasteeltuinoudvalkenburg.nl
SCHLOSS WIJLRE: Kerkpad 1, 6321 PX Wijlre, Tel. +31(0)43/450 26 16, kasteelwijlre.nl
KLOSTER WITTEM: Wittemer Allee 32, 6286 AB Wittem, Tel. +31(0)43/450 17 41, kloosterwittem.nl
SCHLOSS CARTLIS: Kapolder 10, 6321 PV Wijlre, Tel. +31(0)6/54 34 19 67
BRAUEREI BRAND: Brouwerijstraat 2, 6321 AG Wijlre, Tel. +31(0)800/024 43 21, barnd.nl
BRAUEREI GULPENER: Rijksweg 16, 6271 AE Gulpen, Tel. +31(0)43/450 75 75, gulpener.nl

◀ Vor Wind und neugierigen Blick geschützt ... ▶ ... auf dem kleinen Campingplatz im Geul-Tal.

WOHNMOBILSTELLPLATZ STADTCAMPING DEN DRIESCH

ADRESSE: Heunsbergerweg 1, 6301 BN Valkenburg, Tel. +31(0)43/601 20 25, campingdendriesch.nl/de
ANFAHRT: Auf der A79 Ausfahrt 3 Valkenburg. Nach den Gleisen links in den Ort hinein und dann folgen Sie der Ausschilderung Camping Den Driesch.
GPS: 50.860292, 5.831476
Zentral zwischen der Ruine Valkenburg und der Sommerrodelbahn gelegener Campingplatz mit teils befestigten Stellplätzen und zwei beheizten Sanitärgebäuden. Hunde sind erlaubt, kosten aber ein paar Euro pro Tag. Kostenloses WLAN, kleiner Laden mit täglich frischen Brötchen und Radverleih. Das Zentrum von Valkenburg ist in wenigen Gehminuten zu erreichen.

CAMPING CAUBERG

ADRESSE: Rijksweg 171, 6325 AD, Valkenburg, Tel. +31(0)601 23 44, campingdecauberg.nl/de
ANFAHRT: Auf der A79 Ausfahrt 3 Valkenburg. Nach den Gleisen links in den Ort hinein und dann folgen Sie der Ausschilderung Camping Cauberg.
GPS: 50.856619, 5.818829
Sehr gepflegter Campingplatz mit guter Sanitäranlage und 20 teils befestigten Wohnmobilstellplätzen. Jeder Platz hat im Preis eine Basisstromversorgung von sechs Ampere enthalten, die man auf zehn Ampere erweitern kann. Kostenloses WLAN. Vom Campingplatz ist es rund einen Kilometer nach Valkenburg.

BURGEN UND BERGBAU

Wurm- und Broichbachtal

Entlang der idyllischen Wurm gibt es einen hervorragenden Radweg.

4

Die bis zu acht Meter breite Wurm ist ein Nebenfluss der Rur und bildet über einige Kilometer die Grenze zu den Niederlanden. Beidseitig der sich durch die Landschaft schlingenden Wurm liegen Auen mit Eschen, Weiden, Erlen und Weidensträuchern – ideal für kurze Spaziergänge, längere Rad- und Wandertouren oder einfach nur, um einmal die Seele baumeln lassen. Auch Geschichte, Kunst und Kultur kommen nicht zu kurz. Ein Blick über die Grenze ins niederländische Kerkrade und Landgraaf sollte dabei nicht fehlen.

Der Wohnmobilstellplatz in Alsdorf (siehe Auf einen Blick) liegt direkt im Broichbachtal, nur ein paar Schritte entfernt vom 30 Hektar großen und frei zugänglichen **Tierpark Alsdorfer Weiher** mit größtenteils heimischen Tierarten, einem Tretbootverleih, Minigolf- und Skaterbahn und Gastronomie. Wander- und Radwege führen direkt am Wohnmobilstellplatz vorbei, sodass man das Wohnmobil auch mal stehen lassen kann. Zur Mündung des Broichbachs in die Wurm, im Zentrum von Herzogenrath, kann man schön wandern. Der etwa sechs Kilometer lange ausgeschilderte Rundweg führt zunächst südlich des Broichbachs Richtung Banneaux-Kapelle und vorbei am privaten Schloss Ottenfeld aus dem 14. Jahrhundert. Danach quert der Weg den Bach und führt entlang des Nordufers über Noppenberg nach Herzogenrath hinein. Am Südufer des Bachs geht es wieder zum Wohnmobilstellplatz retour. Auf der Homepage der Stadt Herzogenrath gibt es übrigens eine gute Broschüre mit elf beschriebenen Wanderungen zum Herunterladen (herzogenrath.de).
Ebenso Radtouren werden auf der Homepage vorgeschlagen. Ab dem Wohnmobilstellplatz können Sie aber auch ohne vorgegebene Tour losradeln. Vom Stellplatz sind es etwa vier Radkilometer bis zur Mündung des Broichbachs in die Wurm. Ab hier kann man nach Norden und Süden der Wurm einfach mit dem Rad folgen. In nördlicher Richtung interessant ist der etwa sieben Kilometer entfernte Ort **Rimburg** mit hübschem Kern, privatem Schloss und Wassermühle an der Wurm, nach Süden hin ist es die mittelalterliche **Burg Wilhelmstein** mit Freilichtbühne, wo vom Frühjahr bis zum Spätsommer diverse Veranstaltungen stattfinden. Bei der Burg gibt es übrigens auch einen schönen ruhigen Wohnmobilstellplatz (siehe Auf einen Blick).

4

MÖGLICHKEITEN ZU AUSGEDEHNTEN WANDERUNGEN oder kurzen Spaziergängen bietet das grenzüberschreitende Naturschutzgebiet Teverner und Brunsumer Heide. Am Rande des Naturschutzgebiets gibt es am Ende der Zufahrtsstraßen Parkplätze und Informationstafeln über das Rad- und Wegenetz in der Heidelandschaft. Informationen unter teverenerheide.de.

HERZOGENRATH UND ALSDORF

Obwohl man es der Stadt kaum noch ansieht, wurden Herzogenrath und seine Region über Jahrhunderte lang von der Steinkohleförderung geprägt. Ausgangspunkt des Bergbaus war das Wurmtal südwestlich von Herzogenrath, wo man bereits zu Beginn des 12. Jahrhunderts Steinkohle abbaute. Erste Aufzeichnungen darüber befinden sich in der Bibliothek des Kerkrader Klosters Rolduc, das bis zur Säkularisation den Kohleabbau kontrollierte. Neben markanten Haldenlandschaften und einer Handvoll Zechen ist vor allem die **Grube Adolf** im Stadtteil Merkelstein

Einen Besuch wert: die Grube Adolf in Herzogenrath

Markant und auffallend: das Alsdorfer Schloss

von touristischem Interesse. Hier wurde zusammen mit der Grube Anna in Alsdorf ab Mitte des 19. Jahrhunderts Steinkohle gefördert. Den Namen erhielt die Grube übrigens vom damaligen Aufsichtsratsvorsitzenden des für den Abbau konzessionierten Eschweiler Bergwerksvereins, Adolf von Steffens. Nach ihrem Aus in den 1970er-Jahren wurde die gesamte Anlage bis auf das Fördermaschinenhaus abgerissen. Darin befindet sich heute ein interessantes Museum mit einer Dampfmaschine von 1910, die noch funktionstüchtig ist. Ein Spielplatz und ein kleiner Biergarten runden das Angebot ab. Mit dem Wohnmobil kann man beim Fördermaschinenhaus parken oder am Straßenrand vor dem Eingang.

Außer der Grube Adolf ist die Herzogenrather Burg Rode interessant, die erstmals 1104 urkundlich erwähnt wurde. Die schön restaurierte Burg ist heute Kulturzentrum und kann nach Voranmeldung mit einer Führung besichtigt werden.

Westlich von Herzogenrath befindet sich in der Mitte von Alsdorf das auffallend dunkelrote, fotogene Schloss Alsdorf. Bis zum 15. Jahrhundert war das Bauwerk eine Wasserburg, das in der Renaissance und Barockzeit nach und nach zum Schloss aus- und umgebaut wurde. Die zweiflügelige Anlage wird heute von städtischen Einrichtungen genutzt, der gepflegte Park ist allerdings frei zugänglich.

Außenbereich des Erlebnismuseums Energeticon

Tipp

Unter dem Motto »Weg der Energie« wurde ab dem Annaplatz in Alsdorf ein etwa ein Kilometer langer Weg angelegt, der mit Informationstafeln und Fotos über den Bergbau der Stadt informiert. Im Mittelpunkt stehen dabei die Kokerei Anna und am Ende des Wegs das Erlebnismuseum Energeticon, wo regenerative Energiequellen im Fokus stehen. Beim Eingang des Museums befindet sich die aus Beton unter einem Erdhügel errichtete und im August 2014 eingeweihte Barbara-Kapelle zum Andenken an die Bergleute. Informationen zum Weg und zum Museum gibt es unter alsdorf.de.

BLICK ÜBER DIE GRENZE

Wo Deutschland bzw. Herzogenrath aufhören und die Niederlande bzw. Kerkrade beginnen, ist am besten an den Straßenschildern erkennbar: aus Straße wird straat, aus Haus wird huis. In Herzogenrath bildet die Aachener Straße die Grenze, in Kerkrade ist es die Nieuwstraat und man wechselt die Gehsteigseite ebenso einfach wie die Grenze: links liegen die Niederlande, rechts liegt Deutschland oder umgekehrt, je nachdem, in welche Richtung man geht.

Hauptattraktionen von Kerkrade ist zweifelsohne die Abtei Rolduc, der wahrscheinlich größte, noch erhaltene Klosterkomplex der Niederlande. Das Augustinerkloster wurde 1104 gegründet und wird heute größtenteils als Hotel, Kongresszentrum, Priesterseminar und öffentliche Schule genutzt. Frei zugänglich sind der Innenhof, die Klosterkirche, eine Kreuzbasilika aus dem 12. Jahrhundert, und die Klosterbrauerei, wo der Gerstensaft auch verkostet werden kann. Der Name Rolduc kommt übrigens aus dem französischen Rode-le-Duc, die Bezeichnung für Herzogenrath.

In der Nähe der Abtei liegen Schloss Erenstein, wo man unter anderem in romantischer Atmosphäre speisen kann, und der 25 Hektar große **Gaia Zoo** mit rund 160 Tierarten aus Europa, Afrika und Amerika, der im Juli 2005 seine Tore öffnete.

Im Westen geht Kerkrade in den Ort Landgraaf über, wo es am Fuße des Wilhelminabergs einen schönen, ruhigen Wohnmobilstellplatz gibt (siehe Auf einen Blick). Der Platz ist ein guter Ausgangspunkt für die Erkundung der Gegend mit vielen Attraktionen. So kann man über eine breite Treppe zum **Wilhelminaberg** hoch gehen und von oben die Aussicht auf die Region genießen. Die Treppe liegt etwa einen Kilometer nördlich des Wohnmobilstellplatzes und ist sowohl zu Fuß wie auch mit dem Rad leicht zu erreichen. Es gibt nur einen kleinen Parkplatz, das Wohnmobil sollte deshalb stehen gelassen werden.

An der Ostflanke des Bergs zieht sich wie ein Band die **Snowworld** hinab, eines der größten Indoor-Skiparadiese Europas mit einer Handvoll Pisten samt Liftanlagen, die auch im Sommer genutzt werden können. Zudem gibt es in unmittelbarer Nähe einen **Abenteuer-Trail** für wagemutige Kletterer

Weiter nördlich des Wilhelminabergs liegt das Festivalgelände Megaland, das vor allem durch **Pinkpop** bis weit über die Landesgrenzen hinaus bekannt ist. Während des jährlichen Open-Air-Festivals im Juni, das zigtausende Besucher anlockt, sollten Sie allerdings die Gegend meiden, falls Sie kein echter Festivalgänger mit einem Hang zur Popmusik sind.

◀ Klosteranlage Rolduc in Kerkrade ▶ Treppe auf den Wilhelminaberg

Der deutsch-niederländische Grenzübergang bei Rimburg

Am Nordostrand des Festivalgeländes, am Hang einer ehemaligen Halde, befindet sich der 25 Hektar große Park Mondo Verde mit Tiergehegen, einem Dinosaurierpark, Fahrgeschäften und Kinderspielplatz. Schwerpunkt des Parks ist die Landschaftsarchitektur mit Gärten aus europäischen, asiatischen und afrikanischen Ländern sowie aus Australien. Es gibt einen Parkplatz, auf dem auch kleinere Wohnmobile Platz haben, allerdings kann die 2,5 Kilometer lange Distanz zum Wohnmobilstellplatz auch mit dem Rad bewältigt werden.
Etwa vier Kilometer nordöstlich von Mondo Verde liegt Schloss Schaesberg, eine Ruine aus dem 16. Jahrhundert, wo Besucher sehen können, wie damals gebaut wurde, denn mit historischen Handwerksarbeiten und Techniken soll das Schloss wieder zum Leben erwachen. Und was sonst noch zu erleben und besichtigen ist, findet man unter slotschaesberg.nl.

ÖSTLICH DES PARKS MONDO VERDE liegt Kastel Strijthagen, eine Muss für Kunstliebhaber, die hier in wunderschönem Ambiente auf ihre Kosten kommen. Wechselnde Kunstausstellungen aus verschiedenen Strömungen, von klassisch über Pop-Art bis zu Installationen sowie Kammerkonzerte, interessante Workshops und ein Skulpturenpark erwarten die Besucher. Informationen gibt es auf der Homepage unter artland.top.

AUF EINEN BLICK

Info

STADT/REGION: Herzogenrath, Kreis Aachen
BESTE REISEZEIT: Frühjahr und Spätsommer
OPTIMALE REISEDAUER: 2–3 Tage
TOURISTINFO: Konrad-Adenauer-Allee 7, 52477 Alsdorf, (Foyer des Energeticon), Tel. 0241/51 98 21 23, aachener-land-tourismus.de; Theaterplein 30, NL-6461 DR Kerkrade, Tel. +31(0)43/609 85 00, visitzuidlimburg.nl

SEHENSWÜRDIGKEITEN

TIERPARK ALSDORFER WEIHER: Theodor-Seipp-Straße, 52477 Alsdorf, Tel. 02404/674 84 01, tierpark-alsdorf.de
GRUBE ADOLF: Floeßer Straße (Merkstein), 52134 Herzogenrath, Tel. 02406/99 90 35, bergbaudenkmal-grube-adolf.de
BURG RODE: Burgstraße 5, 52134 Herzogenrath, Tel. 02406/52 30 oder 0176/62 61 62 93 (Führungen), burgrode.de
SCHLOSS ALSDORF: Burgstraße 23, 52477 Alsdorf, Tel. 02404/503 73
ENERGETICON: Konrad-Adenauer-Allee 7, 52477 Alsdorf, Tel. 02404/59 91 10, energeticon.de
ABTEI ROLDUC: Heyendallaan 82, NL-6464 EP Kerkrade, Tel. +31(0)45/546 68 88, rolduc.com/de/index.html

◀ Schloss Rimburg ▶ Fördermaschine der Grube Adolf

AUF EINEN BLICK

GAIA ZOO: Gaiaboulevard 1, NL-6468 PH Kerkrade, Tel. +31(0)45/567 60 70, gaiazoo.nl
WILHELMINABERG: Overstehofweg, Ecke Witte Wereld, NL-6372 XC Landgraaf, frei zugänglich
SNOWWORLD & KLETTERPARK: Witte Wereld 1, NL-6372 VG Landgraaf, Tel. +31(0)45/547 07 00, snowworld.com/landgraaf/de
MONDO VERDE: Groene Wereld 10, NL-6372 PW Landgraaf, Tel. +31(0)45/535 01 61, wereldtuinenmondoverde.nl
KASTEEL STRIJTHAGEN: Rouenhof 17-21, NL-6372 PW Landgraaf, Tel. +31(0)6/11 00 01 60 oder 50 44 65 46, www.artland.top
SCHLOSS SCHAESBERG: Slot Schaesberg-Laan 100, NL-6371 KZ Landgraaf, Tel. +31(0)45/201 12 22, slotschaesberg.nl/de

WOHNMOBILSTELLPLATZ ALSDORF

ADRESSE: Theodor-Seipp-Straße, 52477 Alsdorf, beim Tierpark Alsdorfer Weiher, Tel. 02404/906 00, alsdorf.de
ANFAHRT: Der Stellplatz liegt direkt an der B57 (A44 Ausfahrt 5b Alsdorf).
GPS: 50.864793, 6.148251
Wohnmobilstellplatz mit 10 befestigten Plätzen, Frischwasser, Entsorgung von Grauwasser und Chemietoilette (alles im Preis inbegriffen). Biergarten und Grillmöglichkeit in der Nähe. Kann durch die Bundestraße etwas laut sein.

WOHNMOBILSTELLPLATZ BURG WILHELMSTEIN

ADRESSE: An Wilhelmstein 1001, 52146 Würselen
ANFAHRT: Auf der B57, dann in die Morsbacher Straße einbiegen (beim Parkhotel). Danach fast immer der Durchfahrtsstraße folgen und nach etwa 2,5 Kilometern nach links in Am Wilhelmstein einbiegen.
GPS: 50.841743, 6.103272
Eine Handvoll ruhig gelegener Stellplätze auf einem mit Kies befestigen Parkplatz ohne Infrastruktur unterhalb der Burgruine Wilhelmstein, in der sich unter anderem ein Restaurant und ein

◀ Stellplatz bei der Burg Wilhelmstein ▲ Stellplatz im niederländischen Landgraaf ▼ Hier geht's lang zum Stellplatz Wilhelmstein!

Minigolfplatz befinden. Ein Wanderweg führt direkt am Stellplatz vorbei, wo auch eine nette Raststelle mit Bänken und Tischen errichtet wurde.

WOHNMOBILSTELLPLATZ LANDGRAAF

ADRESSE: Tunnelweg 1a, NL-6372 XH Landgraaf, Tel. +31(0)6/34 55 73 22, camperplaatsnederland.nl/de/stellplatz-landgraaf

ANFAHRT: Auf der N299 vom Norden bzw. N300 vom Süden her, Ausfahrt Kerkrade West, so kommen Sie direkt auf den Tunnelweg, dem Sie bis zum Wohnmobilstellplatz folgen.

GPS: 50.871806, 6.022725

Zentral zu vielen Sehenswürdigkeiten gelegener, ovaler Stellplatz mit 28 Plätzen auf festem Untergrund. Stromanschluss, Entsorgung von Grauwasser und Chemietoilette. Wasserentnahme vorhanden, gratis WLAN, Hunde erlaubt, Kameraüberwachung. Ganzjährig geöffnet.

FAST WIE IN DER TOSKANA

Südlimburg

Toskanaähnliche Landschaft in Südlimburg

5

Sanft gewellte Landschaft, wunderschön restaurierte Bauernhöfe, romantische Landgüter und Herrensitze im gelben Sand- oder Mergelgestein, Zypressen in Reih und Glied, Wein- und Obstgärten, liebliche Dörfer und dazu mediterranes Klima bereits im Frühjahr: Es fühlt sich an, als sei man hier, im äußersten Süden der niederländischen Provinz Limburg, in der Toskana unterwegs. Nur Italienisch wird nicht gesprochen.

Ein optimaler Ausgangspunkt, um die niederländische Toskana zu erkunden, ist der traumhaft auf Terrassen angelegte Campingplatz Grensheuvel in Noorbeek (siehe Auf einen Blick). Von der höchstgelegenen Terrasse gleich rechts beim Eingang des Campingplatzes bietet sich vom Campingstuhl aus ein schöner Blick auf das mittelalterliche Noorbeek, das vom Turm der auf einem künstlichen Hügel liegenden Sint-Brigida-Kirche überragt wird. Um die Kirche präsentiert sich ein sehr malerisches Dorfbild mit Backsteinhäusern und Fachwerkhöfen wie dem Weißen Elefanten (De witte olifant) oder der Weinbauvereinigung Noorbeeks. Das knapp 1200 Einwohner zählende Dorf hat sich in den letzten Jahren zu einem Weindorf entwickelt. Zehn Weingüter haben sich mittlerweile angesiedelt und produzieren Weiß- und Rotweine vor allem aus den Traubensorten Chardonnay, Merlot, Sauvignon Blanc, Cabernet Sauvignon und den Pinots Noir, Gris und Meunier. Ein acht Kilometer langer Rundgang führt durch alle Weingärten. Natürlich können die Weine auch nach Absprache verkostet werden, und einmal im Jahr gibt es einen Tag der offenen Tür mit Verkostungen der Weine und regionalen Produkte.

Das Gotteshaus ist eine der Sehenswürdigkeiten und der Mittelpunkt der Gemeinde schlechthin. Die Basis stammt aus dem 11. Jahrhundert, sie musste zwei Jahrhunderte später einer romanischen Kirche weichen. Zu Beginn des 15. Jahrhunderts erhielt die Kirche größtenteils ihr heutiges gotisches Aussehen. Neben der Kirche befindet sich ein Friedhof mit Grabsteinen aus dem 17. und 18. Jahrhundert. An der Ostseite steht die Sint-Brigida-Kapelle zu Ehren der Heiligen Brigida, die im 17. Jahrhundert um Hilfe angebetet wurde, das Vieh von Krankheiten zu verschonen. Als Dank für die Erhörung wird seither jedes Jahr am zweiten Samstag nach Ostern bei der Kirche eine Tanne aufgestellt.

5

OB MIT TOURENRAD, MOUNTAINBIKE oder Rennrad – Südlimburg hat für fast alle Radler etwas in petto. Beim Campingplatz Grensheuvel zum Beispiel überqueren Sie auf der Voerenstraat einfach geradeaus die Durchfahrtsstraße. Nach etwa 600 Metern stoßen Sie bei der Molenstraat bereits auf eine ausgeschilderte Mountainbikeroute, die nach links Richtung Banhold und Sint Geertruid führt. Zwei Kilometer weiter geradeaus erreichen Sie in Terlinden den Radknotenpunkt 83, einen Orientierungspunkt mit Wegweiser in der rund 47 Kilometer langen, mit Radknotenpunkten ausgeschilderten Tour für Tourenräder durch die Südlimburger Landschaft. Informationen dazu und zu anderen Radtouren gibt es auch in Deutsch unter visitzuidlimburg.de.

DURCH LIMBURGS SÜDEN

Von Noorbeek aus kann man aber nicht nur per Rad eine schöne Runde durch den äußersten Süden Limburgs machen, auch mit dem Wohnmobil lässt sich die Gegend wunderbar erkunden, wenn auch die Landstraßen und Ortsdurchfahrten oftmals ziemlich schmal sind. Jedenfalls sollten Sie auf die Radfahrer achten, denn etwas ungewöhnlich für die Niederlande ist der Umstand, dass wegen der schmalen Straßen am Rande ein Teil als Radstreifen rot markiert ist und keine bauliche Trennung besteht bzw. kein separater Radweg angelegt wurde.

◀ Radeln bei Noorbeek … ▶ … und in den Hügeln von Südlimburg.

Blick auf Noorbeek mit seiner dominanten Sint-Brigida-Kirche

Gen Westen hin lohnt sich ein Stopp in dem auf einem 150 Meter hohen Plateau von Magraten gelegenen **Mheer**, dass sich in einen oberen und unteren Ort gliedert, in dem Fachwerkhäuser und Höfe zu bewundern sind. Ganze 40 Bauwerke sind als sogenannte Reichsmonumente denkmalgeschützt. Bereits vor unserer Zeitrechnung war das Gebiet um Mheer besiedelt, jedoch lässt sich nicht eindeutig feststellen, wann eine Siedlung entstanden ist. Eine erste Erwähnung des Orts gab es im 11. Jahrhundert. Mheer gehört damit zu den ältesten Siedlungen der Region. Im oberen Ortsteil wurde im 14. Jahrhundert ein Kastell errichtet, um das sich schließlich der Ort entwickelte. Im 17. und im 20. Jahrhundert erfolgten der Umbau und eine Erweiterung des Kastells. Seit 1668 ist das Schloss im Besitz der Familie De Loë und kann deshalb nur von außen besichtigt werden, allerdings ist der Innenhof zugänglich. Beim Schloss erhebt sich die neogotische Sankt-Lambertus-Kirche, gegenüber sind ein kleiner Parkplatz und ein Café, das zum Verweilen einlädt.
Gegenüber der Sankt-Lambertus-Kirche in Mheer führt der Burgermeester Beckersweg gen Nordosten nach Banholt und Terhorst. Über weitere Gehöfte und kleinere Orte wie Terlinden, Hoogeruts, Slenaken und Oosterberg kann man die Tour bis ins knapp zwölf Straßenkilometer entfernte Epen im Osten der Region ausdehnen. Unterwegs lohnt sich ein kurzer

Sanft gewellte Landschaft Südlimburgs

Stopp in **Slenaken**. Es bezeichnet sich selbst als »Perle des Hügellandes«, was wohl auf die wunderschöne Lage im Gulp-Tal zurückzuführen ist. Slenaken besitzt eine außerordentlich gute touristische Infrastruktur mit einer Handvoll Campingplätzen sowie zahlreichen Pensionen und Hotels. Bekannt ist das 500-Seelen-Dorf vor allem wegen der guten Wandermöglichkeiten. Eine Übersicht, wo und wie lange man wandern kann, gibt es auf der Homepage von visitzuidlimburg.nl. Das Gleiche gilt für Epen, eine rund 1100 Einwohner zählende Gemeinde inmitten von sanften Hügeln mit Obstwiesen, Kuhweiden, romantischen Landhäusern und Schlössern.

Tipp

Unterwegs im Süden Limburgs gibt es in beinahe jedem Dorf ein Café. Egal, wo Sie einkehren werden, auf der Karte finden Sie fast immer Limburger Vlaai, ein pizzagroßer flacher Hefekuchen, der mit verschiedenen Obstsorten und sogar mit Milchreis (rijstvlaai) belegt und mit Sahne dekoriert wird. Das typische Gebäck kam einst nur bei besonderen Anlässen auf den Tisch. Heute wird es täglich in den Cafés und Restaurants angeboten. Der Name leitet sich von Fladen ab. Beim echten vlaai wird übrigens der Teig zusammen mit den Früchten im Ofen gebacken. Nur ein gebackener Boden mit frischen Aprikosen, Kirschen, Äpfeln oder Pflaumen darauf ist also kein typischer vlaai. Darauf sollten Sie achten!

AUF EINEN BLICK

Info

STADT/REGION: Südlimburg, Provinz Zuid-Limburg
BESTE REISEZEIT: Mai–September
OPTIMALE REISEDAUER: 2–3 Tage
TOURISTINFO: Servicepunkt vom Tourismusverein Visit Zuid-Limburg: für Noorbeek, Mheer, Slenaken und Umgebung: Klompestraat 8, 6255 AE Noorbeek, Tel. +31(0)900/555 97 98; für Epen und Umgebung: Wilhelminastraat 15, 6285 AS Epen, Tel. +31(0)900/555 97 98

SEHENSWÜRDIGKEITEN

NOORBEEK: noorbeek.nl
SCHLOSS MHEER: Dorpsstraat 6, 6261 NJ Mheer, Tel. +31(0)6/29 59 10 73
SLENAKEN: slenaken.nl
EPEN: epen.nl

◀ Nur von außen zu besichtigen: Schloss Mheer ▲ Weinstöcke in der Umgebung von Noorbeek ▼ Einfach lecker: Limburger Vlaai

AUF EINEN BLICK

CAMPINGPLATZ GRENSHEUVEL

ADRESSE: Voerenstraat 11, 6255 PB Noorbeek,
Tel. +31(0)6288/341 23, camping-grensheuvel.nl

ANFAHRT: Auf der A2 Ausfahrt 56 Maastricht Zuid, Gronsveld, danach rechts – bzw. wenn Sie aus dem Norden kommen nach links – Richtung Gronsveld abbiegen. Im Kreisverkehr der Beschilderung Richtung Sint Geertruid folgen, danach via Mheer nach Noorbeek. Am Ortsrand kommen Sie beim Hotel Panorama direkt an der Zufahrt zum Campingplatz vorbei.

GPS: 50.772857, 5.801913

Auf mehreren Terrassen angelegter Campingplatz ohne bemannte Rezeption. Wenn Sie nicht online gebucht haben, können Sie dies noch vor Ort am Automaten tun. Die Besitzer sind aber täglich auf dem Platz zu finden. Gleich bei der Einfahrt befindet sich rechts die höchstgelegene Terrasse mit befestigten Stellplätzen auch für Camper. Die erste Reihe hat freien Blick auf Noorbeek und Umgebung. Entleerung für Grauwasser direkt bei der Einfahrt, die Infrastruktur auf dem Campingplatz ist einfach, aber mit sauberem Sanitärgebäude. Empfehlenswert. Eine Buchung im Internet ist unbedingt anzuraten.

◀ Kunstrasen am Stellplatz ▶ Terrassencamping Grensheuvel

◀ Blick vom Camping Grensheuvel auf Noorbeek ▶ Dorfkirche von Mheer

CAMPING KLOOSTERMUUR

ADRESSE: Hoogcruts 9, 6255 NS Noorbeek, Tel. +31(0)6-21261134, kloostermuur.nl

ANFAHRT: Wie zum Campingplatz Grensheuvel, jedoch danach Noorbeek durchqueren (bei der Kirche nach links) und nach etwa 2,5 Kilometern die Landstraße N598 geradeaus überqueren. Nach etwa 500 Metern ist links entlang der Mauer die Zufahrt zum Campingplatz.

GPS: 50.774547, 5.844359

Kleiner Campingplatz zwischen Noorbeek und Slenaken auf dem Gelände eines ehemaligen Klosterbauernhofs von 1669. Keine fixen Öffnungszeiten, Sie können kommen und abfahren wann Sie wollen und auch selbst den Stellplatz auswählen, allerdings mit Abstand zum Nachbarn! Hunde sind erlaubt. Eine gute Alternative, wenn Grensheuvel voll ist. Ein paar Meter weiter gibt es übrigens mit dem größeren Campingplatz Welkom eine weitere Alternative.

CAMPING WELKOM

ADRESSE: Hoogcruts 27, 6277 NS Noorbeek, Tel. +31 (0)43 457 12 96, campingwelkom.nl/

ANFAHRT: Wie zum Campingplatz Kloostermuur, jedoch ein paar Meter weiter.

GPS: 50.774932, 5.846516

Gepflegter und größerer Campingplatz als Kloostermuur. Gute Infrastruktur.

AM SCHNITTPUNKT DREIER LÄNDER

Vaals

Blick vom Wilhelminaturm auf Vaals

6

Der Grenzstein 193 am Vaalser Berg, höchste Erhebung der Niederlande, ist das beliebteste Fotomotiv der Gegend. Der Stein markiert den Punkt, an dem Deutschland, Belgien und die Niederlande sich berühren. Zwischen 1816 und 1919 trafen sich hier sogar vier Länder. Zu den drei Staaten kam damals noch das neutrale, gerade mal vier Quadratkilometer große Neutral-Moresnet hinzu. Dieses Gebiet wurde damals vom Deutschen Reich, von den Preußen, den Niederlanden und Belgien gleichermaßen verwaltet.

Beim **Dreiländerpunkt** gibt es neben Wander- und Radwegen jede Menge interessanter Sehenswürdigkeiten und Freizeitaktivitäten wie Kinderspielplätze, einen Park für Mountainbiker, einen keltischen Grabhügel, ein Monument für ein 1932 während eines Erkundungsflugs abgestürzten Flugzeugs und ein Labyrinth aus Hecken, das man in etwa 45 Minuten erkunden kann, falls man sich nicht verläuft. Höhepunkte sind allerdings zwei Aussichtstürme. Einen Steinwurf vom Grenzstein entfernt, erhebt sich auf belgischem Grundgebiet der rund 50 Meter hohe **Boudewijn-Turm**, benannt nach dem einstigen belgischen König. Ein Lift mit Glaswänden führt zur Aussichtsplattform hoch, von der aus sich ein atemberaubendes Panorama über die hügelige, größtenteils bewaldete Landschaft der drei Länder bietet. Einen Parkplatz fürs Wohnmobil gibt es hier nicht. Etwa einen halben Kilometer Richtung Vaals befindet sich auf niederländischem Grundgebiet jedoch ein Parkplatz, auf dem auch kleinere Wohnmobile Platz finden. Direkt beim Parkplatz erhebt sich der nach der ehemaligen niederländischen Königin benannte, über 30 Meter hohe **Wilhelmina-Turm**. Er wurde 1905 als hölzerne Konstruktion errichtet und war damit der erste Aussichtsturm auf dem Vaalser Berg. Nach mehrmaligen Zerstörungen und Wiederaufbauten sowie einer Versetzung um 60 Meter wurde der Turm grundlegend renoviert und 2011 in seiner jetzigen Form eröffnet. Eine breite Treppe windet sich um den Turm nach oben. Auf 31 Metern Höhe wurde eine Aussichtsplattform angelegt, die einen freien Rundblick auf die Region ermöglicht. Vier Meter höher gibt es einen gläsernen Skywalk, der allerdings nichts für schwache Nerven ist. Wer Höhenangst hat, der sollte den Skywalk meiden – die gläserne Bodenplatte gibt nämlich die Sicht bis hinunter frei!

6

IM HAUPTORT VAALS

Die Region um den Dreiländerpunkt steht ganz im Zeichen des Tourismus: mit dem niederländischen Vaals als Hauptort. Die 10 000 Einwohner zählende Stadt erstreckt sich direkt an der deutschen Grenze und geht fast nahtlos in den Aachener Stadtteil Vaalserquartier über. Man sieht der Kleinstadt nicht an, dass sie fast 1000 Jahre auf dem Buckel hat. Urkundlich erwähnt wurde der Ort 1041 als Vaels mit dem noch heute existierenden Lehnhof Sankt Tolbert als Keimzelle. Die Besiedelung der Gegend geht allerdings schon auf das Jahr 5000 vor Christus zurück, was Spuren beim Dorf Vijlen und auf dem Vaalser Berg bezeugen. Reste einer römischen Villa bei Lemiers bezeugen die Anwesenheit der Römer. Während der Römerzeit kreuzten sich hier zwei Handelsstraßen von Maastricht nach Aachen und von der Abtei Rolduc nach Moresnet. Der damalige Handel hat Vaals bescheidenen Reichtum und verschiedene Herrscher gebracht. Davon zeugen unter anderem Schlösser, wie das aus einer mittelalterlichen Wasserburg entstandene **Kastell Alt-Lemiers**, das **Schloss Vaalsbroek** aus dem 13. Jahrhundert und **Schloss Blumenthal**, das Ende des 18. Jahrhunderts zunächst als privater Wohnsitz errichtet wurde. Ab Mitte des 19. Jahrhunderts bis in die 1970er-Jahre diente das Schloss als Nonnenkloster und Internat. Seit Beginn der 1990er-Jahre wird die gesamte Anlage als Hotel geführt.

◀ In Vaals: das Clermont-Haus ... ▶ ... und das Kulturzentrum Kupfermühle

Luxuriöses Hotel: Schloss Blumenthal

Vom Schlosshotel Blumenthal sind es nur ein paar Gehminuten ins Zentrum von Vaals um den Platz Von Clermont, benannt nach dem Textilfabrikanten Johann Arnold von Clermont, der sich mit seiner Fabrik im 18. Jahrhundert in Vaals ansiedelte und mit verschiedenen Bauwerken seine Spuren hinterlassen hat. Das **Clermont-Haus**, einst Fabrik, Wohnhaus und Büro zugleich, ist mehr oder weniger das prominenteste Bauwerk des Industriellen. Es liegt an der Nordseite des Platzes und dient heute als Rathaus. An der Südseite des Platzes steht die **Kupfermühle**, heute ein Zentrum für Kunst und Kultur in der ehemaligen evangelisch-lutherischen Kirche, die 1736 von Protestanten aus Aachen errichtet wurde. Durch die Bergstraat und weiter durch die Kerkstraat kann man durch das Zentrum schlendern, vorbei an der protestantischen Kirche und der römisch-katholischen Sankt-Paulus-Kirche, einer Kreuzbasilika im neogotischen Stil. Etwa auf halbem Weg zwischen den beiden Gotteshäusern befindet die interessante **Glasbläserei** von Gerardo Cardinale, wo Besucher dem Meister regelmäßig über die Schulter gucken können.
Das Zentrum von Vaals ist vom Campingplatz Hoeve de Gastmolen etwa 2,5 Kilometer entfernt, der Dreiländerpunkt etwa 4,5 Kilometer. Das Wohnmobil kann ruhig am Stellplatz gelassen werden, ein separater Radweg entlang der Durchfahrtsstraße führt direkt in den Stadtkern.

Der Wilhelminaturm ist für Menschen mit Höhenangst ungeeignet.

ETWA 200 HEILIGENFIGUREN, zwischen einem und 3,50 Meter groß, bilden die Hauptsammlung des seit 2009 geöffneten Museum Vaals, kombiniert mit zeitgenössischer Kunst. Und das alles unter der Kuppel einer überaus beeindruckenden monumentalen Kapelle mit Buntglasfenstern, Wand- und Deckenmalereien. Für alle, die an religiöser Kunst und Holzschnitzerei interessiert sind, ist dieses Museum ein Muss. Informationen zum Museum unter museumvaals.nl

LIMBURGER WEINGÜTER

In den letzten Jahren sind Qualität und Quantität der Limburger Weine kontinuierlich gestiegen. Natürlich stehen sie bei vielen Sommeliers noch nicht ganz oben auf der Liste, wie die Rebensäfte aus den klassischen Weinanbaugebieten Europas, doch sollten Sie es sich vor Ort nicht entgehen lassen, die überraschende Qualität der Limburger Weine zu testen. Einen Blick hinter die Kulissen des südniederländischen Weinbaus kann man unter anderem in den Weingütern um Vaals werfen. Kurz nach dem Vaalser Museum zweigt nach rechts eine Landstraße ab und führt ins rund 200 Einwohner zählende Holset und nach Vijlen, eine Ortschaft mit 1300 Einwohnern, die sich selbst als niederländisches Bergdorf bezeichnet, liegt es doch auf 200 Metern Seehöhe, für die Niederlande recht außergewöhnlich. Hauptanziehungspunkt sind allerdings die Weingüter, unter anderem die **Domänen Sankt Martinus** und **Holset**. Während Holset auf einer Anbaufläche von insgesamt rund sieben Hektar niederländischen Champagner,

6

Sekt und Cava aus den Traubensorten Pinot Noir, Chardonnay, Cabernet Blanc, Johanniter und Souvignier Gris herstellt, produziert Sankt Martinus auf rund 28 Hektar Weiß-, Rot- und Roséweine sowie moussierende Weine. Sankt Martinus besteht übrigens seit 1988, war das erste Weingut, das Rotwein in den Niederlanden produzierte und ist mit seiner Anbaufläche heute das größte Weingut des Landes. Beide Weingüter haben mit ihren Produkten im In- und Ausland verschiedene Preise gewonnen. Führungen und Verkostungen sind in beiden Domänen möglich. Mehr Informationen dazu auf der Homepage unter domeinholset.nl und wijngaardmartinus.nl.

Tipp

Westlich von Vijlen erstreckt sich in der hügeligen Landschaft der rund 650 Hektar große Vijlenerbos, ein aus vorwiegend Nadelbäumen bestehender und von kleinen Bächen durchzogener, zusammenhängender Wald. Ein breites Netz an Wanderwegen durchkreuzt das Naturgebiet, das zu den beliebtesten Wanderregionen im Süden Limburgs zählt. Parken können Sie unter anderem am Parkplatz 't Hijgend Hert, am Rugweg Kreuzung Plummer Boschweg nahe dem Waldcafé 't Hijgend Hert (Harles 23, 6294 NG Vijlen).

Sie werden stets besser: Limburger Weine

AUF EINEN BLICK

Info

STADT/REGION: Vaals, Provinz Zuid-Limburg
BESTE REISEZEIT: Mai–September
OPTIMALE REISEDAUER: 1–2 Tage
TOURISTINFO: Maastrichterlaan 73a, NL-6291 EL Vaals, Tel. +31(0)900/555 97 98, visitzuidluimburg.nl

SEHENSWÜRDIGKEITEN

LABYRINTH DREILÄNDERECK: Viergrensweg 97, NL-6291 BM Vaals, Tel. +31(0)43/306 52 00, drielandenpunt.nl
BOUDEWIJN-TURM: Route des Trois Bornes 99 B, B-4581 Plombières, Tel. +32(0)433 06 19
WILHELMINA-TURM: Viergrenzenweg 230, NL-6291 BX Vaals, Tel. +31(0)43/306 15 69, wilhelminatorenvaals.nl (Tickets im Restaurant)
KUPFERMÜHLE: Von Clermontplein 11, NL-6291 AT Vaals, Tel. +31(0)43/306 46 68, dekopermolenvaals.nl
GLASBLÄSEREI: Tentstraat 2, NL-6291 BH Vaals, Tel. +31(0)43/306 25 96, glasblazerij-gerardo.nl
MUSEUM VAALS: Eschberg 7, NL-6291 NK Vaals, Tel. +31(0)43/306 00 80, museumvaals.nl
DOMÄNE SANKT MARTINUS: Rott 21a, NL-6294 Nl Vijlen, Tel. +31(0)43/455 20 27, wijngaardmartinus.nll
DOMÄNE HOLSET: Holset 34-36, NL-6295 NC Lemiers, Tel. +31(0)43/850 29 28, domeinholset.nl

CAMPING HOEVE DE GASTMOLEN

ADRESSE: Lemierserberg 32, NL-6291 NM Vaals, Tel. +31(0)43/306 57 55, gastmolen.nl
ANFAHRT: Die Zufahrt zum Campingplatz liegt direkt an der niederländischen Landstraße N278 zwischen Lemiers und Vaals.
GPS: 50.781721, 6.006472
Schöner, in grüner Umgebung mit Obstbäumen gelegener Campingplatz mit guter Infrastruktur. Brötchenservice, Waschmaschine und Trockner. WLAN nur beim Hauptgebäude zu empfangen.

◀ Grenzstein am Dreiländerpunkt ▲ Camping Hoeve de Gastmolen
▼ Glaskunst in der privaten Glasbläserei Gerardo in Vaals

Hunde sind nur angeleint willkommen! Autos sind auf dem Stellplatz verboten, lediglich zur An- und Abreise des Wohnwagens erlaubt. Wohnmobile sind davon ausgenommen, da keine separaten Stellplätze vorhanden sind.

CAMPING SCHROUFF VIJLEN

ADRESSE: Harles 3, NL-6294 NG Vijlen, Tel. +31(0)6/31 02 50 83, campingschrouff.nl

ANFAHRT: Auf der N278 und aus dem Süden kommend in Lemiers Richtung Holset bzw. aus dem Norden kommend in Mamelis Richtung Vijlen abbiegen. In Vijlen dem Wegweiser Vaals folgen, in Holset dem Wegweiser Vijlen folgen. So kommen Sie direkt am Campingplatz vorbei.

GPS: 50.776817, 5.977030

Kleiner Campingplatz bei einem Bauernhof mit erneuertem Sanitärgebäude. Vier spezielle Stellplätze für Camper mit hartem Untergrund, Strom- und Wasseranschluss. Alle anderen Plätze haben Grasflächen. Gratis Internet. Waschmaschine und Trockner gegen Bezahlung. Plätze können nicht reserviert werden.

KAISERRESIDENZ UND DOMSTADT

Aachen

Aushängeschild der Stadt und Welterbe: der Aachener Dom

7

Kaiser Karl der Große und Aachen sind unzertrennlich miteinander verbunden. Für den Herrscher war Aachen die Lieblingspfalz, die sich einst an der Stelle des heutigen Katschhofs zwischen Rathaus und Dom befand. Von der burgähnlichen Anlage sind heute noch die Pfalzkapelle des Doms und der aufgestockte Granusturm des Rathauses, das auf den Grundmauern des einstigen Kaiserpalasts errichtet wurde, vorhanden. Es gibt aber noch viel mehr zu entdecken, genug für ein paar abwechslungsreiche und entspannte Tage in der Stadt.

Groß ist das Aachener Stadtzentrum um den Katschhof nicht. Für einen Rundgang entlang der wichtigsten Sehenswürdigkeiten sollten etwa zwei bis drei Stunden mit einer Pause in einem der gemütlichen Cafés oder Restaurants in der Innenstadt eingeplant werden. Wer den Dom, die Domschatzkammer und/oder das Rathaus zusätzlich besichtigen möchte, der sollte mindestens einen halben, besser noch einen ganzen Tag einplanen. Dabei sollten Sie unbedingt die Öffnungszeiten der Sehenswürdigkeiten beachten! Den Camper können Sie getrost am Wohnmobilstellplatz stehen lassen (siehe Auf einen Blick), denn geeignete Parkplätze fürs Gefährt in und um den historischen Kern gibt es nicht und der Stellplatz ist gerade mal rund 2,5 Kilometer vom Katschhof entfernt. Sie können ab der 400 Meter vom Stellplatz entfernten Haltestelle Marienhospital den Bus ins Zentrum nehmen. Busse ab hier fahren in Abständen von wenigen Minuten direkt zur Haltestelle Elisenbrunnen am Südostrand der Altstadt. Von dort sind es nur wenige Gehminuten zum Dom, zur Schatzkammer und zum Rathaus. Vom Wohnmobilstellplatz sind es etwa 30 Minuten zu Fuß ins Zentrum oder Sie steigen einfach aufs Rad. Radwege bzw. Radstreifen an der Straßenseite sind vorhanden, die Ausschilderung ins Zentrum ist gut.

AUF INS ZENTRUM

Etwa einen Kilometer nördlich des Wohnmobilstellplatzes liegt im Frankenpark die **Burg Frankenberg**, die im 13. Jahrhundert als Wasserburg erbaut wurde. Sie diente den Adeligen als Bollwerk bei Auseinandersetzungen und war mit dicken Mauern samt Wehrtürmen und Zinnen und einem Wassergraben gegen Feinde geschützt. Eine Zugbrücke gab Zugang zur

7

Burg. Im 17. Jahrhundert verfiel die Burg immer mehr und nach mehreren Besitzerwechseln und verschiedenen Verwendungszwecken kam die Burg nach dem Zweiten Weltkrieg in Besitz der Stadt, die darin ein Heimatmuseum einrichtete. Seit 2014 befindet sich in der Burg auf Betreiben des Frankenberger Vereins ein Kultur- und Begegnungszentrum.

Kurz vor dem historischen Kern passieren Sie den Elisenbrunnen, ein klassizistisches Bauwerk, das nach der Kronprinzessin Elisabeth Ludovika von Bayern benannt ist. Zunächst diente das Bauwerk Repräsentationszwecken, später der Badekultur mit heilkräftigem Wasser. Schon zur Römerzeit waren die Thermalquellen in und um Aachen als Kurort bekannt. Auch Kaiser Karl der Große nutzte die Heilquellen, vor allem gegen seine Gicht. Die Anlage besteht aus einem kleinen in 1852 angelegten Park, einer Halle mit Säulenvorbau, zwei Pavillons und einem Trinkbrunnen, aus dem 52 Grad Celsius warmes, schwefelhaltiges Wasser sprudelt, das aber wegen des Arzneimittelgesetzes nicht mehr direkt konsumiert werden darf. Der Elisenbrunnen am Friedrich-Wilhelm-Platz wurde übrigens nach seiner Zerstörung im Zweiten Weltkrieg 1950 originalgetreu rekonstruiert.

Decke des Oktogons im Aachener Dom

Malerisch: die Altstadt von Aachen mit dem Dom im Hintergrund

Tipp

Die Route Charlemagne ist ein ausgeschilderter Stadtrundgang durch den historischen Kern. Die Tour beginnt beim Neuen Stadtmuseum Centre Charlemagne am Katschhof beim Rathaus und führt entlang der wichtigsten Sehenswürdigkeiten. Auf Schritt und Tritt folgt man so der reichen Stadtgeschichte, die größtenteils von Karl dem Großen geprägt wurde. An jedem historischen Bauwerk und Ort wird ein Thema aus der Geschichte behandelt. Der Rundgang kann übrigens auch mit orts- und fachkundiger Begleitung gemacht werden. Informationen und Buchung unter aachen-tourismus.de. Sie können die Stadt aber auch anders erkunden, zum Beispiel mit einer Rundfahrt im Doppeldeckerbus in Cabrioausführung oder mit einer geführten Segway-Tour (aixdrive.de). Mehr Touren finden Sie in der Broschüre des Aachen-Tourismus.

DOM, SCHATZKAMMER UND MEHR

Der **Dom** prägt wie kein anderes Gebäude die Silhouette der Aachener Altstadt und ist Wahrzeichen, Aushängeschild und Besuchermagnet zugleich. Er war das erste deutsche Bauwerk auf der Liste des Weltkulturerbes der UNESCO, ist Wallfahrtskirche, Bistumskathedrale und beherbergt die

◀ Filigraner Kranzleuchter im Oktogon ... ▶ ... und Hauptaltar im Aachener Dom

Gebeine Kaiser Karls des Großen. In der ehemaligen Pfalzkapelle wurden in 600 Jahren mehr als 30 Herrscher gekrönt. Der 1200 Jahre alte Dom ist ein durch viele architektonische Epochen geprägtes Bauwerk aus mehreren Teilbauten, von denen die ehemalige Pfalzkapelle (Oktogon) mit ihrer Architektur die Besucher am meisten beeindruckt.
Der Besuch des monumentalen Sakralbaus samt Schatzkammer ist eigentlich ein Muss für jeden Stadtbesucher. Am besten beginnt man bei der Dominformation in der Johannes-Paul-II.-Straße 1 (mit dem Dom im Rücken, links vom Charlemagne-Museum). Hier gibt es alles über den Dom, von Eintrittskarten für die Schatzkammer über Tickets für Führungen und Ansichtskarten bis hin zu Publikationen und allerlei Souvenirs. Auf eigene Faust durch den Dom kann man nur außerhalb von Messen. In der Regel heißt dies, der individuelle Besuch ist werktags nur vor 11 Uhr und an Samstagen, Sonn- und Feiertagen vor 13 Uhr möglich. Informieren Sie sich, bevor Sie zum Dom kommen. Außerdem ist zu empfehlen, vorab einen Blick auf die Homepage des Doms zu werfen, mit der sehr übersichtlich dargestellten Geschichte des Bauwerks und mit einem virtuellen 3-D-Rundgang durch den Dom. So erhält man schon vor der Besichtigung einen sehr guten Eindruck von der atemberaubenden Architektur und der kunsthistorisch wertvollen Innenausstattung des Doms. Zudem gibt es auf der Homepage aktuelle Informationen über Veranstaltungen, Messen und mehr.
Der Besuch des Doms sollte mit einem Blick in die Schatzkammer verbunden werden. Der Besuch kann nur mit Führung stattfinden, die aber auch für Einzelbesucher angeboten wird. Sakraler Glanz und Prunk mit religiösen Kunstwerken von der Spätantike über die byzantinische, karolingische und gotische Periode bis in die Neuzeit zeugen vom großen Einfluss und der wichtigen Bedeutung des Doms. Der Kunstschatz ist einer der wertvollsten und bedeutendsten kirchlichen Sammlungen der Welt. Der Kunstschatz wurde gleichzeitig mit dem Dom 1978 in die Liste des Weltkulturerbes aufgenommen.

7

WEITER ZU RATHAUS UND THEATER

Gegenüber dem Dom, an der Nordseite des Katschhofes, erhebt sich das gotische **Rathaus** aus dem 14. Jahrhundert. Es wurde auf den Grundmauern des Kaiserpalasts Karls des Großen errichtet. Fast 600 Jahre lang wurden im Palast die Feste der Krönungen abgehalten, woran noch heute der mit originalgetreuen Nachbildungen von Krone und Schwert ausgestattete Krönungssaal erinnert. Ein Rundgang durch das Rathaus ist täglich möglich und führt unter anderem durch den Ratssaal mit wunderschönen Deckengemälden, dem prunkvollen Weißen Saal mit aus freier Hand geschaffenen Stuckaturen italienischer Facharbeiter, dem barocken Werkmeistergericht, dem Roten Saal, nach dem Aachener Frieden von 1748 auch Friedenssaal genannt, und dem architektonisch beeindruckenden

Südseite des gotischen Rathauses von Aachen

zweischiffigen Krönungssaal mit Kreuzrippengewölbe.
Und wenn noch Zeit und Lust zum Erkunden vorhanden ist: am Rande des Zentrums gibt es eine Handvoll interessanter, historischer Gebäude wie das klassizistische **Aachener Theater**, das 1825 seine Pforten öffnete, die beiden noch erhaltenen und zum einstigen Stadtbefestigungsring des 14. und 15. Jahrhunderts gehörenden Tore **Marschiertor** und **Ponttor** sowie der **Quellenhof** am Kurgarten, der heute eine Wellnesshotel der Luxusklasse ist.
Wenn Kinder mit an Bord sind, kann der Aachener Tierpark **Euregiozoo** eine willkommene Abwechslung sein. Vor allem der Kinderbauernhof ist eine einmalige Sache in Deutschland. Hier können Kinder und Jugendliche von 8 bis 16 Jahren den ganzen Tag mitmachen. Füttern, pflegen, ausmisten – und wenn die Arbeit getan ist, dann wird für die Kids Ponyreiten veranstaltet. Sowohl die Betreuung der Haustiere wie auch das Reiten finden zusammen mit geschulten Pädagogen statt: Kinderbetreuung pur.

Couven-Museum am Aachener Hühnermarkt

Roter Saal im historischen Rathaus von Aachen

EINE PAUSE EINLEGEN, kurz mal abschalten, das Gesehene eventuell verarbeiten und für einige Zeit entschleunigen in der Großstadt – die Carolusthermen bieten dazu das beste Ambiente mit einer imposanten, von 18 Säulen getragenen Badehalle, einem erfrischenden Sprudelbecken, stillen Wassergrotten, wohltuendem Dampfbad und Kneipp-Tretbecken, falls die Füße von der Stadtbesichtigung schmerzen. Eine Sauna und ein Ruheraum runden das Angebot ab. Informationen unter carolus-thermen.de/de/thermalbad.

MUSEUMSSTADT AACHEN

Ungefähr ein Dutzend Museen in Aachen halten sehr interessante und abwechslungsreiche Sammlungen bereit, die nicht nur eine Alternative an verregneten Tagen sein sollten. Neben der Domschatzkammer ist der **Abteischatz Sankt Johann-Baptist** für Interessierte an sakraler Kunst lohnenswert. Im **Neuen Stadtmuseum Aachen/Centre Charlemagne** werden die markantesten Perioden der Stadtgeschichte beleuchtet, kann man im Geschichtslabor in den mittelalterlichen Alltag eintauchen, ein Kettenhemd ausprobieren oder erfahren, wie einst Tinte hergestellt wurde. Das **Grashaus**, eines der ältesten Gebäude der Stadt, richtet sich mit seinen Informationen über Europa vor allem an die jüngere Generation und das **Couven Museum**, auch bekannt als Haus Monheim, gibt einen guten Einblick in das Leben und die Wohnkultur des Bürgertums von damals mit Räumen in verschiedenen Stilrichtungen, von Rokoko über Barock bis Biedermeier.

Terrassencafés am Hühnermarkt

Kunst mit permanent ausgestellten Werken und Wechselausstellungen gibt es im **Suermondt-Ludwig-Museum** mit Werken von der Antike bis zur Gegenwart und mit spätmittelalterlichen Skulpturen. Das **Ludwig Forum** für internationale Kunst widmet sich der zeitgenössischen Kunst mit unter anderem Pop Art, Realismus und Kunst der 1960er-Jahre bis zur Gegenwart. Der **Neue Aachener Kunstverein** bietet eine Plattform der lokalen Kunstszene, während das **Kunsthaus NRW Kornelimünster** sich auf die Kunstszene Nordrhein-Westfalens konzentriert. Das Kunsthaus ist in einem 1719 umgebauten Barockschloss untergebracht, weshalb schon Architektur und Innenausstattung einen Besuch lohnen. Grafiken und Werke des 1870 geborenen, polnischen Künstlers Emil Orlik, der die Technik der Farbholzschnitte in Japan erlernte, werden in der Roten Burg im **Büchelmuseum** ausgestellt. Moderne Wissenschaft ist Thema des **Museum SuperC**, das **Zollmuseum Friedrichs** beleuchtet die Entwicklung der Abgaben an europäischen Grenzen und das **Zeitungsmuseum** beschäftigt sich mit der Geschichte und vor allem mit der Zukunft der gedruckten Presse in Zeiten der sozialen Medien. Und last but not least gibt es das **CHIO Museum**: Es ist dem gleichnamigen, berühmten Pferdesportturnier gewidmet, das jährlich bis zu einer halben Million Besucher anlockt.

7

WANDERN IM AACHENER WALD wird durch eine Knotenpunktsystem, wie es vom Radwegnetz in der Niederrheinregion bekannt ist, erleichtert. Rund 80 Kilometer Wanderwege mit 90 Knotenpunkten sind derzeit vorhanden, was die Orientierung bei ausgedehnten Wanderungen und kleineren Sparziergängen wesentlich erleichtert. Wer sich aufs Rad schwingen will: die Vennbahn ist dazu der place to be. Dieser Bahntrassenradweg ist einer der längsten Radwege Europas und führt von Aachen Richtung Süden nach Belgien und Luxemburg. Die Tour startet am Bahnhof Rothe Erde. Mehr Informationen über die Etappen, die Rückreise mit der Bahn und mehr gibt es unter vennbahn.eu.

◀ Haupteingang zur Domschatzkammer ▲ Kaiserkrone im Krönungssaal des 'Rathauses ▼ Hier beginnt der Altstadtrundgang: Centre Charlemagne

AUF EINEN BLICK

Info

STADT/REGION: Aachen, kreisfreie Stadt
BESTE REISEZEIT: Ganzjährig
OPTIMALE REISEDAUER: 2–3 Tage
TOURISTINFO: Friedrich-Wilhelm-Platz, 52062 Aachen, Tel. 0241/180 29 50, aachen-tourismus.de

SEHENSWÜRDIGKEITEN

BURG FRANKENBERG: Goffartstraße 45, burgfrankeberg.de
ELISENBRUNNEN: Friedrich-Wilhelm-Platz, Tel. 0241/180 29 50
DOM: Domhof 1, Tel. 0241/47 70 90, aachenerdom.de
SCHATZKAMMER: Johannes-Paul-II.-Straße 1, Tel. 0241/47 70 91 40, aachener-domschatz.de
RATHAUS: Markt, Tel. 0241/180 29 50, rathaus-aachen.de
ABTEISCHATZ SANKT JOHANN-BAPTIST: Michaelsbergstraße 6, Tel. 0241/96 10 10
CENTRE CHARLEMAGNE: Katschhof 1, Tel. 0241/432 49 56, centre-charlemagne.eu
AACHENER THEATER: Theaterplatz 1, Tel. 0241/478 42 44, theateraachen.de
MARSCHIERTOR: Franzstraße 995, Tel. 0241/659 59 02
PONTTOR: Pontwall 18
QUELLENHOF: parkhotel-quellenhof.de
COUVEN-MUSEUM: Hühnermarkt 17, Tel. 0241/432 44 21, couven-museum.de
SUERMONDT-LUDWIG-MUSEUM: Wilhelmstraße 18, Tel. 0241/479 80 40, suermondt-ludwig-museum.de
NEUER AACHENER KUNSTVEREIN: Passstraße 29, Tel. 0241/50 32 55, neueraachenerkunstverein.de
BÜCHELMUSEUM: Büchel 14, Tel. 0241/404 17 97, roteburg-buechelmuseum.de
MUSEUM SUPERC: Templergraben 57, Tel. 0241/809 08 01
ZOLLMUSEUM: Horbacher Straße 497, Tel. 0241/997 06 15, zollmuseum-friedrichs.de
ZEITUNGSMUSEUM: Pontstraße 13, Tel. 0241/432 49 10, izm.de

◀ Bänkchen am Stellplatz bei Wilhelmstein ▶ Eher Regel als Ausnahme: in Reih' und Glied am Stellplatz

WOHNMOBILSTELLPLATZ BAD AACHEN

ADRESSE: Branderhofer Weg 11, 52066 Aachen, Tel. 0241/99 00 09 91, aachen-camping.de

ANFAHRT: Auf der A44 die Ausfahrt Lichtenbusch-Monschau nehmen. Ab dort sind es etwa vier Kilometer auf der Monschauer Straße Richtung Zentrum, danach rechts in die Adenauer Allee einbiegen. Nach 800 Metern in den Branderhofer Weg einbiegen. Der Stellplatz liegt etwa 500 Meter weiter.

GPS: 50.761177, 6.102885

Bestens ausgestatteter, rund 1,2 Hektar großer Wohnmobilstellplatz mit 47 parzellierten Plätzen auf hartem Untergrund mit Strom- und Wasseranschluss. Entsorgungsstation, beheiztes Sanitärgebäude, Waschmaschine und Trockner, Abfallstation, Brötchenservice und kostenloses Wifi. Freie Platzwahl. Hunde müssen angeleint sein. Die Nutzungsdauer ist auf zwei Nächte beschränkt. Der Platz darf auch mit Wohnwagen genutzt werden.

ALTERNATIVE

Sollte trotz der Größe des Stellplatzes in Aachen kein Platz mehr vorhanden sein, sind die nahe gelegenen niederländischen Campingplätze Hoeve de Gastmolen und Schrouff Vijlen gute Alternativen (siehe Auf einen Blick bei Highlight 6), ebenso der Stellplatz bei der Burg Wilhelmstein (siehe Auf einen Blick bei Highlight 4).

KUPFER UND KOHLE

Stolberg

Wahrzeichen der Stadt: Burg Stolberg

8

An der Überschrift lässt sich bereits ablesen, was bei einer Besichtigung der Stadt am Vichtbach Programm sein wird. Aber was verbindet Stolberg mit Kupfer und Kohle? Dass Kohle in dieser Region vorkommt, bedarf wohl kaum einer näheren Erklärung. Und Kupfer? Stolberg bezeichnet sich selbst als Kupferstadt, was eigentlich irreführend ist. Denn Kupfererze wurden in dieser Region nie abgebaut, noch wurde Kupfer in einer Hütte produziert. Der Begriff Kupfer ist in diesem Fall nur ein historisches Sprachrelikt für die Erzeugung von Messing, bei der es wie bei Kupfer um eine Legierung geht.

Auf viele Fragen zum Thema Kupfer, Kaffee und Kohle werden Sie bei einem Rundgang durch die architektonisch homogene Altstadt und/ oder bei einem Blick in eines der Museen sicher eine passende Antwort finden. Ausgangspunkt für eine Tour kann der kostenlose, kleine Parkplatz An der Krone sein oder der P&R-Parkplatz am August-Junker-Platz beim Stolberg-Mühlener Bahnhof. Von beiden Parkplätzen sind es nur wenige Gehminuten zur Touristeninformation in der Zweifaller Straße 5, inmitten der historischen Altstadt. Wer mit dem Rad anreisen möchte: Vom Wohnmobilstellplatz in Bad Aachen (siehe Auf einen Blick bei Highlight 7) sind es rund zehn Kilometer zur Touristeninformation. Hier gibt es eine Broschüre mit einem Stadtrundgang, der Sie durch die schmalen Altstadtgassen am Fuße der Burg Stolberg und hoch zum Bollwerk führt. Hübsch renovierte Fachwerkbauten, drei interessante Altstadtkirchen und Häuser aus lokalem Bruchstein reihen sich in den malerischen Gassen aneinander. Unterwegs fühlt man sich auf Schritt und Tritt wie in einem Freiluftmuseum. In diesem Ensemble aus dem 16. bis zum 20. Jahrhundert heben sich die schicken Kupferhöfe, ehemalige Wohn- und Betriebsstätten der Hersteller von Messingprodukten, hervor.

HIGHLIGHTS DER STOLBERGER ALTSTADT

Die Sehenswürdigkeit der Stadt schlechthin ist die bereits von weitem sichtbare **Burg Stolberg** oberhalb der Altstadt. Das Bollwerk ist zugleich Wahrzeichen und Namensgeber der Stadt. Bereits im 12. Jahrhundert befand sich auf dem Kalksteinfelsen inmitten der heutigen Stadt eine Burg,

8

die allerdings zu Beginn des 15. Jahrhunderts abgerissen wurde. Mitte desselbenJahrhunderts ließen die Besitzer eine neue Burg errichten. Nach mehreren Teilzerstörungen wurde das Bollwerk im 16. Jahrhundert wieder aufgebaut und gleichzeitig erweitert. Im 18. und 19. Jahrhundert verfiel das Bauwerk vollständig. Ein Stolberger Industrieller kaufte schließlich das Anwesen und baute 1888 die Burg in historischem Stil wieder auf. 1909 schenkte er das Bollwerk der Stadt. Heute dient die Burg für kulturelle Veranstaltungen, Feste und Feiern.

In unmittelbarer Nähe der Burg befinden sich der Burgfriedhof, der zwischen dem 16. und 19. Jahrhundert von den katholischen, evangelischen und jüdischen Gemeinden genutzt wurde, und die Santa-Lucia-Kirche. Die Basis der Kirche bildete die Burgkapelle aus dem 16. Jahrhundert. Ihr heutiges klassizistisches Aussehen erhielt das Gotteshaus etwa Mitte des 19. Jahrhunderts. Und falls Sie noch einen Blick in eine der ältesten evangelischen Kirchen der Niederrhein-Region werfen möchten: Nördlich der Burg befindet sich die Vogelsangkirche, die Mitte des 17. Jahrhunderts durch die lutherischen Gemeinden errichtet wurde.

Alter Markt im historischen Zentrum von Stolberg

▲ Blick von der Finkenbergkirche auf Burg Stolberg ◀ Finkenbergkirche
▶ Filigranes Grab am Kupfermeisterfriedhof

SEIT 1983 IST IN DER TORBURG ein Heimat- und Geschichtsmuseum mit 11 Räumen untergebracht. Das Museum will die Geschichte und Tradition des alten Handwerks in Stolberg mit eingerichteten Werkstätten lebendig halten. Dazu werden Vorführungen des Handwerks gemacht, unter anderem in der Schmiede, der Leder- und der Holzwerkstatt. Ein weiterer Schwerpunkt des Museums sind Glas und die Metallverarbeitung. Zudem gibt es eine Übersicht zur Stadtgeschichte und zum Bergbau in der Region. Schon wegen dem selbst gebackenen Kuchen und selbst geröstetem Kaffee in der Torburger Kaffeestube lohnt sich der Gang hierher. Mehr Information unter museum-torburg.de.

Kupfermeisterhof Rose

DEM KUPFER AUF DER SPUR

Auf dem Weg von der Altstadt hoch zur Burg lohnt zunächst ein Stopp beim **Kupferhof Schart** am Vichtbach. Er wurde um 1600 erbaut, erhielt aber am Beginn des 19. Jahrhunderts sein heutiges klassizistischen Aussehen. Die Doppelhofanlage wurde in erster Linie als Produktionsstätte für Messing konzipiert. Durch die Burggasse geht es leicht ansteigend Richtung Alter Markt. Haus Nummer 21 ist der **Schleicher Hof**, ein Herrenhaus aus dem 16. Jahrhundert und der erste Kupferhof in Stolberg. Mitte des 18. Jahrhunderts verkaufte die Familie Schleicher den Hof, in dem danach eine der ersten Landapotheken im Aachener Raum eingerichtet wurde. Der Schleicher Hof ist deshalb heute unter dem Namen Adler-Apotheke bekannt. Kurz danach können Sie einen Abstecher zum **Kupfermeisterfriedhof** mit wunderschön gefertigten, teils filigranen Grabplatten aus dem 17. Jahrhundert und in die nebenan stehende **Finkenbergkirche** werfen. Allerdings weckt nicht unbedingt das sakrale Bauwerk das Interesse, sondern der wunderschöne Ausblick auf die Burg und die Altstadt. Nichtsdestotrotz lohnt sich ein kurzer Blick in die reformierte Kirche, die nach einer Bauzeit von rund 25 Jahren 1725 eingeweiht wurde.

8

Ein paar Schritte nördlich der Kirche breitet sich der **Alte Markt** aus, an dessen Nordostende der **Kupferhof Rose** von etwa 1600 steht. Hier waren einst sechs Schmelzöfen etabliert. Heute dient der mit Stuckfassade ausgestattete Hof regionalen Künstlern als Atelier, in die Sie einen Blick werfen sollten, bevor Sie die letzten Meter hoch zur Burg bewältigen.

IM ZINKHÜTTER HOF

Aus der Glashütte Zinkhütter Hof von 1830 wurde Mitte der 1990er-Jahre ein Museum für Industrie-, Wirtschafts- und Sozialgeschichte im Stolberger Revier. Die Hütte ist gut erhalten und besteht aus Produktionshalle, Wohnungen und Verwaltungsgebäude. 1991 kaufte Stolberg die Anlage und funktionierte sie zum Museum um. In der permanenten Ausstellung wird unter anderem die Geschichte der Messing- und Zinkverarbeitung beleuchtet. Die Ausstellung Turbo Traffic Transport beschäftigt sich mit der Geschichte der Mobilität in der Region. Ein anderer Bereich widmet sich der Nadelherstellung im Aachener Raum, ein Wirtschaftszweig, der

Bruchsteinfassade des Schleicher Hofs in der Burggasse

8

bis ins 16. Jahrhundert zurückreicht. Aachen entwickelte sich zum Ende des 18. und Beginn des 19. Jahrhunderts zur Hochburg der deutschen Nadelindustrie. In rund 40 Fabriken fertigten etwa 5000 Menschen Nadeln, die weltweiten Absatz fanden. Die Dauerausstellung gibt einen hervorragenden Einblick in den Produktionsablauf. Zudem werden regelmäßig Wechselausstellungen aus den Bereichen Kunst und Technik organisiert. Für Kinder gibt es diverse Angebote, bei denen sie die Herstellung von Nadeln und die Verarbeitung von Messing und Zink nacherleben können. Auf dem Gelände befinden sich darüber hinaus historische Exponate wie eine Deutz-Lokomotive. Und ein Mahnmal aus Stacheldraht soll an die Zwangsarbeiter erinnern, die während des Zweiten Weltkriegs in einem nahegelegenen Lager untergebracht waren.

Museum Zinkhütter Hof

Altstadtgasse im Herzen von Stolberg

Tipp

Ein paar Kilometer südlich von Stolberg liegt im Vichtbachtal das Dorf Vicht mit einem hübschen Ortsbild aus Bruchsteinhäusern. Westlich des Dorfes erstreckt sich das 108 Hektar große Naturschutzgebiet Schlangenberg, benannt nach dem 276 Meter hohen Berg, an dem im 18. und 19. Jahrhundert Galmeistein, ein Mineralgemenge verschiedener Zinkerze, abgebaut wurde. Das Naturschutzgebiet liegt auf einem rund 400 Millionen Jahre alten Kalksteinrücken und verfügt über eine außergewöhnliche Flora und Fauna. Wer mehr darüber und über den Erzabbau und die Geologie des Gebietes erfahren möchte: in der ehemaligen Hauptschule Breinigerberg wurde ein Informationszentrum eingerichtet, von wo auch Wanderungen organisiert werden (eifelverein-breinig.de).

AUF EINEN BLICK

Info

STADT/REGION: Stolberg, Städteregion Aachen
BESTE REISEZEIT: Ganzjährig
OPTIMALE REISEDAUER: 1–2 Tage
TOURISTINFO: Zweifaller Straße 5, 52222 Stolberg, Tel. 02402/999 00 80 oder 81, stolberg-erleben.de

SEHENSWÜRDIGKEITEN

BURG STOLBERG: Faches-Thumesnil-Platz, Tel. 02402/102 00 26, burg-stolberg.de
MUSEUM TORBURG: Luciaweg, Tel. 02402/822 50, museum-torburg.de
BURGFRIEDHOF: Finkenberggasse 10
KIRCHE SANTA LUCIA: Luciaweg 7, Tel. 02402/264 56, sankt-lucia-stolberg.de
VOGELSANGKIRCHE: Vogelsangstraße 16, Tel. 02402/102 99 70, stolberg-evangelisch.de/unsere-gemeinde
FINKENBERGKIRCHE: Finkenberggasse 11, Tel. 02402/102 99 70, stolberg-evangelisch.de/unsere-gemeinde
KUPFERHÖFE: Schart, In der Schart, Tel. 02402/999 00 81; Rose, Alter Markt 10, Tel. 0176/49 70 61 73; Schleicher, Burgstraße
ZINKHÜTTER HOF: Cockerillstraße, Tel. 02402/ 90 90 31 30, zinkhuetterhof.de

◀ Eine gute Wahl: der Stellplatz in Aachen ▶ Museum Torburg

◀ Südturm der Burg Stolberg ▲ Innenhof des Zinkhütter Hofs
▼ Burggasse in der Stolberger Altstadt

WOHNMOBILSTELL- UND CAMPINGPLÄTZE

In und um Stolberg gibt es derzeit keinen Wohnmobilstell- oder Campingplatz. Für einen Besuch der Stadt ist der **Wohnmobilstellplatz Bad Aachen** eine sehr gute Wahl (siehe Auf einen Blick bei Highlight 7). Alternativen dazu sind unter anderem die in den Niederlanden gelegenen Campingplätze **Hoeve de Gastmolen** und **Schrouff Vijlen** (siehe Auf einen Blick bei Highlight 6), der rund 26 Kilometer entfernte **Reisemobilhafen Düren** (siehe Auf einen Blick bei Highlight 9) und die Campingplätze **Haus Friedenstal**, Rurweg 1, 52385 Abenden (camping-abenden.de/campingplatz.html) und **Hetzingen**, Campingweg 1, 52385 Nideggen (campingplatz-hetzingen.de), wobei letzterer sich eher nur für eine Nacht eignet. Seine Lage ist zwar gut, aber die Größe und die vielen Dauercamper erzeugen doch eine etwas andere Atmosphäre. Der **Campingplatz Britta‘s Oase** ist derzeit geschlossen und der **Campingplatz Vichtbachtal** ist wegen mangelnder Hygiene weniger zu empfehlen, aber vielleicht ändert sich bei beiden etwas in Zukunft.

IDYLLISCHES RURTAL

Düren

Freizeitoase Stausee Obermauchbach

9

Geschichte, Romantik und Natur bestimmen das Rurtal: mit geschichtsträchtigen Schlössern und Burgen, Herrenhäusern und Landgütern sowie einer teils unberührten Auenlandschaft an beiden Uferseiten. Der Rurufer-Radweg ist dabei der geeignete Weg, um diesen idyllischen Teil des Tals zwischen Düren und Nideggen zu erkunden. Ein Elektrofahrrad ist wegen der guten Beschaffenheit des Radwegs nicht erforderlich, es sein denn, man will die höhergelegenen Burgen wie die in Nideggen besuchen, um die Aussicht zu genießen.

Ausgangspunkt für die Erkundung des Tals ist **Düren**. Man sieht der rund 93 000 Einwohner zählenden Stadt heute nicht mehr an, dass sie bereits vor fast 1300 Jahren zum ersten Mal urkundlich erwähnt wurde. Düren zählt zu den im Zweiten Weltkrieg am schwersten zerstörten Orten. Von den historischen Bauwerken sind lediglich Teile der alten **Stadtmauer** samt Rundturm und in der **Holzstraße** eine Handvoll gepflegter Bürgerhäuser erhalten, die unter Denkmalschutz gestellt wurden. Herausragende Beispiele der charakteristischen Nachkriegsarchitektur der 1950er-Jahre sind das vom Architekten Denis Boniver entworfene **Rathaus** von 1959 und die Annakirche. Das markante Rathaus mit den für die 1950er-Jahre prägenden Elementen wie schlichter Fensterfassade, verglastem Eingangserker und Freitreppe steht heute unter Denkmalschutz. Es wurde von 2012 bis 2015 grundlegend saniert und ist der Mittelpunkt der Stadt. Vor dem Rathaus steht der **Flammenengel**, ein vom Bildhauer Adolf Wamper geschaffenes Mahnmal, das an den schweren Luftangriff im November 1944 und seine Opfer erinnern soll.

Die **Annakirche** in unmittelbarer Nähe des Rathauses ist die wohl meistbesuchte Sehenswürdigkeit der Stadt. Grund ist das Annahaupt, eine Reliquie der Heiligen Anna, die bereits im 16. Jahrhundert die Stadt zu einem Pilgerort machte. Das Gotteshaus mit seinem fast 100 Meter hohen Turm wurde im Zuge der Bombenangriffe 1944 völlig zerstört. Die vorhandenen Trümmer hat Architekt Rudolf Schwarz beim Neubau Mitte der 1950er-Jahre in die Architektur integriert. Heute zählt die Annakirche zu einem der bedeutendsten sakralen Bauwerke der Nachkriegsarchitektur in Deutschland. In der Annakirche werden Führungen angeboten. Dabei

9

erfährt man viel über ihre Geschichte, beginnend mit einer Kapelle von 748, woraus sich eine Kirche entwickelte, die dem Heiligen Martin gewidmet war. Ein Steinmetz brachte um 1500 schließlich die Reliquie der Heiligen Anna, bestehend aus einem etwa handtellergroßen Stück Schädelplatte, aus der Stiftskirche Sankt Stephan in Mainz nach Düren, wodurch sich hier letztendlich ein stark frequentierter Pilgerort entwickelte.
Einen wirtschaftlichen Aufschwung erhielt die Stadt mit der Ansiedlung der Papier-, Textil- und Metallindustrie. Über 100 Betriebe sind heute in diese Industriezweige involviert, wobei Papier den wirtschaftlich wichtigsten Faktor darstellt.

AUSSER DER 1950ER-JAHRE-ARCHITKETUR hat Düren doch noch einiges in petto: Alles zum Wirtschaftszweig der Papierherstellung findet man im Papiermuseum (papiermuseum-dueren.de), während das Stadtmuseum (stadtmuseumdueren.de) Dürens Geschichte bis zurück in die frühe Jungsteinzeit beleuchtet. Zeitgenössische Kunst in Dauer- und Wechselausstellungen präsentiert das Leopold-Hoesch-Museum (leopoldhoeschmuseum.de) und an bestimmten Tagen im Jahr gibt es die Anna-Kirmes, die Jazztage, den Karneval und verschiedene Märkte (dueren.de/kultur-tourismus).

◀ Außenansicht … ▶ … und Interieur der Annakirche

◀ Glasfassade des Dürener Rathauses ▲ Ortsbekannte Plastik: der Flammenengel ▼Romantisches Schloss Burgau

SCHLOSS BURGAU

Im südlichen Stadtteil Niederau am Rande des Naherholungsgebiets Burgauer Wald liegt das Wasserschloss Burgau, dessen Basis auf eine hölzerne Turmhügelburg aus dem 11. Jahrhundert zurückgeht. Eine erste Erwähnung der Burg erfolgte 1313. In den darauffolgenden Jahrhunderten wechselten sich die Beisitzer ab und die Burg wurde regelmäßig ausgebaut. Im 17. Jahrhundert wurde das inzwischen durch Konflikte beschädigte Schloss renoviert. In den 30er-Jahren des 18. Jahrhunderts erfolgte der Umbau in eine barocke Anlage. In 1915 zogen die blaublütigen Keyserlingks, die das Schloss bereits lange in ihrem Familienbesitz hielten, nach Westpreußen. Die Burg wurde an Rittmeister Niehausen veräußert, der sie bereits zwei Jahre später an die Stadt Dürfen verkaufte. Drei Jahre später begann der Umbau zu einem Ausflugsziel. Durch die Zerstörung und Plünderung von Schloss Burgau im Zweiten Weltkrieg verfiel das Anwesen immer mehr. Erst 30 Jahre später startete eine Initiative, die ab 1974 Geld für die Wiederherstellung der Burg sammelte. Auch die Stadt Düren beteiligte sich unter großem Druck mit an der Finanzierung. Ab Mitte der 1980er-Jahre nutzten verschiedene Institutionen und Vereine die Burg für ihre Veranstaltungen. Heute ist die Burg ein beliebtes Tagesausflugsziel und eine Touristenattraktion, die einen Stopp lohnt.

Begrünte Ufer der Rur nahe Untermaubach

DURCHS RURTAL

Rund 165 Kilometer bahnt sich die Rur ihren Weg von der Quelle in Belgien durch Deutschland bis zur Einmündung in die niederländische Maas. Auf rund 20 Radkilometern gen Süden von Düren reizt das Rurtal mit romantischen Burgen und Naturschutzgebieten. Schon bald nach Schloss Burgau erreicht man **Kreuzau**, wo ein rund 22 Kilometer langer Wassererlebnispfad am Parkplatz Friedenau beginnt. Vom Parkplatz geht es zunächst zur Rur und dann flussaufwärts bis zum Stausee in Obermaubach, von wo es nach der Umrundung wieder zum Ausgangspunkt zurück geht. In Kreuzau historische interessant ist die Pfarrkirche, die 1303 erstmals in einer Urkunde auftauchte, und die nebenan liegende Burg Kreuzau. Zwar ist das Wasserschloss in Privatbesitz, doch schon der äußere Eindruck der alten Gemäuer samt ehemaligem Wassergraben lohnt für einen kurzen Aufenthalt.

Ein paar Minuten nach Kreuzau begrüßt bereits von weitem die **Burg Untermaubach** die Radler im Rurtal. Die aus dem 12. Jahrhundert stammende Burg hoch über der Rur hatte im Verlauf ihrer Geschichte viele Besitzer. Nach mehreren Um- und Ausbauten verfiel die Burg im 19. Jahrhundert langsam. 1874 kaufte schließlich Graf Wilderich von Spee das Anwesen und renovierte es. Mit einer weiteren Renovierung nach Beschädigungen im Zweiten Weltkrieg erhielt die Burg ihr heutiges Aussehen. Das Anwesen ist noch immer im Besitz der Familie Spee und deshalb nur von außen zu besichtigen.

Etwa 1,5 Kilometer südlich der Burg Untermaubach wurde die Rur in den Jahren 1933 und 1934 mit einer 200 Meter langen und fast 7 Meter hohen Mauer aufgestaut. So entstand der **Stausee Obermaubach**, ein Ausgleichsbecken für die oft stark wasserführenden Zuflüsse. Später entwickelte man aus dem See eine Oase für Wassersportler: Segeln, Surfen, Stand-up Paddeln, Rudern, Tretboot fahren – am Stausee gibt es heute eine Menge an Freizeitaktivitäten mit entsprechender Infrastruktur. Auch Wanderer kommen in der bewaldeten Uferregion auf ihre Kosten und können unter anderem zur Waldkapelle Obermaubach wandern, zu den Aussichtspunkten Kuhkopf und Eugenienstein oder zur Einsiedlerklamm und zu Buntsandstein-Felsformationen.

Tipp

Eine Möglichkeit, das Rurtal ohne längere Wanderungen von oben zu sehen, bietet sich bei der Burg Nideggen und bei der Ruhrschlinge nahe Zerkall. Hier kann man einen Abstecher zum Krawutschketurm in Hürtgenwald machen. Der Turm ist etwa zwei Kilometer vom Rurufer-Radweg entfernt und steht auf dem 400 Meter hohen Burgberg, wo in den 1980er-Jahren Reste einer mittelalterlichen Burg gefunden wurden. Einmal oben auf der kleinen Aussichtsplattform, blicken Sie unter anderem auf die Berge des Siebengebirges südöstlich von Bonn, auf Teile des Nationalparks Eifel (siehe Highlight 16), auf das Kalltal, einst der Mittelpunkt der Metallindustrie, auf das Hohe Venn in Belgien (siehe Highlight 13) und auf die 3200 Einwohner zählende Gemeinde Nideggen samt gleichnamiger Burg. Am Turm führt übrigens ein Walderlebnispfad vorbei, der die einheimische Flora und Fauna den Besuchern mit Informationstafeln und interaktiven Geräten näherbringt. Ein Parkplatz in unmittelbarer Nähe ist ebenfalls vorhanden, falls anstelle des Rads das Wohnmobil zur Erkundung des Rurtals bevorzugt wird.

9

BURG NIDEGGEN

Burg Nideggen ist der der letzte Stopp auf dieser Tour durch das Rurtal. Bis hierher sind es ungefähr 20 Radkilometer entlang der Rur, entlang der Straßen sind es knapp fünf Kilometer weniger. Die Burg ist das Wahrzeichen Nideggens und erhebt sich auf einem 50 Meter hohen Felsen, wo im 12. Jahrhundert der Grundstein für das Bollwerk gelegt wurde. Mitte des 14. Jahrhunderts wurde die Anlage erweitert. Nach mehreren Besitzerwechseln, Erbstreitigkeiten und Angriffen wurde die Burg 1689 im Zuge eines Angriffs geplündert und niedergebrannt. Ein Erdbeben Mitte des 18. Jahrhunderts und eines im 19. Jahrhundert ließen die Burg schließlich zur Ruine verkommen. Um 1888 kaufte eine Bürgergemeinschaft aus Nideggen das Anwesen. Zu Beginn des 20. Jahrhunderts wurde die Burg allmählich wieder aufgebaut und 1905 dem Kreis Düren geschenkt. In den Wirren des Zweiten Weltkriegs wurde Burg Nideggen erneut in Mit-

Blick vom Krawutschketurm auf Burg Nideggen

Schön renoviert: die Burg Nideggen

leidenschaft gezogen. Erst in den 1950er-Jahren erfuhr das Anwesen eine vollständige Restaurierung. Heute ist im Wohnturm ein Museum untergebracht, das auf rund 600 Quadratmetern unter anderem das Leben auf einer mittelalterlichen Burg, die historische Bedeutung der Burgen in der Region und die Geschichte der regionalen Adelsfamilien beleuchtet. Ein paar Gehminuten vom Parkplatz bei der Burg befindet sich ein Aussichtspunkt, der Ihnen das Rurtal zu Füssen legt.

DAS WOHNMOBIL KÖNNEN SIE am Reisemobilhafen in Düren stehen lassen. Von hier sind es ein paar Minuten bis zum Rurufer-Radweg, dem besten Weg, das Rurtal nördlich und südlich von Düren zu erkunden. Unterwegs haben Sie mehrmals die Möglichkeit, mit der Bahn zurück zum Ausgangspunkt zu gelangen, unter anderem in Nideggen und Kreuzau. Für ganz sportliche: Der Radweg ist rund 180 Kilometer lang und folgt der Rur von ihrer Quelle in Belgien bis zur Mündung in die Maas in den Niederlanden. Genug Radkilometer, um seine eigene Tour nach Zeit, Lust und Kondition zu planen. Informationen zum Radweg unter rurufer-radweg.de.

AUF EINEN BLICK

Info

STADT/REGION: Düren, Kreisstadt
BESTE REISEZEIT: Frühjahr und Spätsommer
OPTIMALE REISEDAUER: 2–3 Tage
TOURISTINFO: Fremdenverkehrsamt Düren, Markt 6, 52349 Düren, Tel. 02421/25 25 25, dueren-tourismus.de

SEHENSWÜRDIGKEITEN

ANNAKIRCHE: Ahrweilerplatz 11, 52349 Düren, Tel. 02421/38 89 80, st-lukas.org/orte-einrichtungen/kirchen-und-kapellen/pfarrkirche-st-anna

PAPIERMUSEUM: Wallstraße 2–8, Tel. 02421/25 25 61, papiermuseum-dueren.de

STADTMUSEUM: Arnoldsweilerstraße 38, 52351 Düren, Tel. 02421/121 59 25, stadtmuseumdueren.de

LEOPOLD-HOESCH-MUSEUM: Hoeschplatz 1, Tel. 02421/25 25 61, leopoldhoeschmuseum.de

SCHLOSS BURGAU: Von-Aue-Straße 1, 52355 Düren, Tel. 02421/223 19 37, dueren-tourismus.info/a-schloss-burgau

STAUSEE OBERMAUBACH: Seestraße, 52372 Kreuzau, obermaubach.com/das-staubecken

KRAWUTSCHKETURM: Burgstraße, 52393 Hürtgenwald, GPS: 50.695667, 6.438448

BURG NIDEGGEN: Kirchgasse 10, 52385 Nideggen, Tel. 02427/63 40, kreis-dueren.de/burgenmuseum

Der Reisemobilhafen Düren bietet viel Platz – auch für größere Wohnmobile

◀ Altstadtkern von Nideggen nahe der Burg ▶ Leopold-Hoesch-Museum

REISEMOBLIHAFEN DÜREN

ADRESSE: Rurstraße 188, 52349 Düren

ANFAHRT: Von der B56 (Schoellerstraße) kommend in die Eisenbahnstraße einbiegen, die später in die Fritz-Erler-Straße übergeht. Immer dem Straßenzug folgen und dann in die Paradiesstraße nach rechts, später in die Rurstraße nach links einbiegen.

GPS: 50.808959, 6.466538

Ganzjährig geöffneter Wohnmobilstellplatz für 20 Camper am westlichen Stadtrand von Düren, etwa einen halben Kilometer von der Rur und 15 Kilometer vom Stadtzentrum entfernt. Geschotterter Untergrund, Strom- und Wasseranschluss, Entsorgung für Grauwasser und Chemietoilette, Hunde erlaubt.

ALTERNATIVEN

Wenn der Reisemobilhafen in Düren voll ist, bestehen Ausweichmöglichkeiten auf den Campingplätzen **Haus Friedenstal**, Rurweg 1, 52385 Abenden (camping-abenden.de/campingplatz.html) und **Hetzingen**, Campingweg 1, 52385 Nideggen (campingplatz-hetzingen.de), wobei letzterer sich eher nur für eine Nacht eignet, da viele Dauercamper doch eine andere Stimmung auf dem Platz erzeugen. Der **Campingplatz Britta's Oase** ist derzeit geschlossen, aber vielleicht ändert sich dies in Zukunft. Wem die 38 Kilometer für die Anreise nicht zu viel sind, der kann auch den **Wohnmobilstellplatz Aachen** nutzen (siehe Auf einen Blick bei Highlight 7).

KUNST, KULTUR UND ARCHITEKTUR

Lüttich

Historische Architektur um das Museum für wallonische Volkskunst

Facettenreich, lebhaft und bunt präsentiert sich Lüttich, das den Beinamen »Cité ardente« trägt, die »feurige Stadt«. Das hat aber weniger mit der Lebenslust der Stadtbewohner oder mit der jahrzehntelang dominierenden Kohle- und Stahlindustrie zu tun, sondern ist vielmehr auf die heftigen Auseinandersetzungen zwischen den Bürgern und den Geistlichen im 14. und 15. Jahrhundert zurückzuführen. Der industrielle Lärm und Staub sind größtenteils aus dem Stadtbild verschwunden. Lediglich am Maasufer außerhalb der Stadt gibt es noch rauchende Schlote. Heute besticht Belgiens drittgrößte Stadt mit Temperament, Kunst, Kultur, historischer und moderner Architektur.

Ein offizieller Wohnmobilstellplatz ist in Lüttich nicht vorhanden und auf den Parkplätzen ist übernachten nicht erlaubt. Vom Wohnmobilstellplatz in Blégny und vom Campingplatz in Wégimont (beide siehe Auf einen Blick) sind es jeweils etwa 16 Kilometer. Trotzdem mit dem Camper in die Stadt? Eine gute Möglichkeit bietet sich unter anderem auf dem Quai des Tanneurs zwischen der Rue Marthieu Polain und der Rue du Pâquier, da hier jeweils zwei Parkplätze hintereinander sind und man bei etwas Überlänge des Wohnmobils einfacher parken kann, zumindest wenn zwei Plätze hintereinander frei sind. Der Parkplatz liegt sehr zentral, denn am besten erkundet man Lüttich zu Fuß. Radwege sind kaum vorhanden und auf den stark befahrenen, oft schmalen Straßen und über Kopfsteinpflaster radeln fordert Mensch und Gerät ziemlich heraus. Wer trotzdem auf sein Rad nicht verzichten möchte: In der Stadt wurde ein etwa fünf Kilometer langer Radkurs ab dem Hauptbahnhof ausgeschildert, der zu den Sehenswürdigkeiten führt. Ob zu Fuß oder per Rad: in jeden Fall sollte Lüttich am Wochenende oder an einem Feiertag besucht werden. Vom Parkplatz sind es etwa 100 Meter zur Pont des Arches. Von der Brücke über die Maas geht es direkt ins Zentrum und man hat bereits einen schönen Blick auf den historischen Kern am Maasufer, wo jeden Sonntag der Markt La Batte mit Textilien und Produkten aus der Region stattfindet. Dieser sehr bunte, lebhafte Markt ist bis weit über die Stadtgrenzen hinaus bekannt und zählt zu den größten und ältesten Wochenmärkten in Belgien.

10

RUNDGANG DURCH DIE ALTSTADT

Nach der Brücke geht es rechts zunächst durch die Rue Pied du Pont des Arches, später durch die En Neuvice, vorbei an der Kirche Sankt Antonius und Katharina zum 250 Meter entfernten **Marktplatz** (Place du Marché) mit gemütlichen Terrassencafés und der auffallenden Kuppelkirche Saint André de Liège. Links in der Ferne erhebt sich der **Fürstbischöfliche Palast** an der Place Saint Lambert. Ein Teil des Palastes dient heute der Provinzregierung, der Innenhof kann aber besichtigt werden. Gegenüber des Palastes, unterhalb des Platzes, befindet sich das **Archéoforum**, eine Ausgrabungsstätte mit Funden aus der Römerzeit und dem Mittelalter. Ein paar Gehminuten südwestlich der archäologischen Anlage steht die **Oper Royal de Wallonie**, die 1820 ihre Pforten öffnete und Platz für bis zu 1000 Besucher bot. Mit ihrer ausgefeilten Bühnentechnik zählte sie damals zu den modernsten Theatern. Seit Ende der 1990er-Jahre steht das Gebäude unter Denkmalschutz.

Marktplatz mit aufragender Kuppelkirche Saint André

Fürstbischöflicher Palast nahe des Marktplatzes

Hinter der Kuppelkirche Saint André de Liège erhebt sich der Stadthügel **Motagne de Bueren** mit einer Aussichtsterrasse und den Resten der nicht zugänglichen Zitadelle, auf deren Gelände teils ein Krankenhaus errichtet wurde. Mit dem Marktplatz im Rücken geht es links durch die Rue des Mineurs. Im Haus Nummer 17 ist **Une Gaufrette Saperlipopette** etabliert, eine der bekanntesten Konditoreien, in der die bis über die Landesgrenzen hinaus bekannten belgischen Waffeln noch immer in alter Tradition hergestellt werden. Versäumen Sie nicht, einen Blick in diese Konditorei zu werfen und natürlich die Waffeln zu kosten!
Kurz nach der Konditorei beginnt die Rue Hors-Château, eine der beliebtesten Shoppingmeilen der Stadt. Hier finden Sie aber auch das interessante **Museum für wallonische Volkskunde**, das das Leben der Wallonen ab dem 19. Jahrhundert beleuchtet, und fast nebenan das **Lampenmuseum**. Ein paar Schritte durch die Rue Hors-Château Richtung Osten, kurz nach dem auffallenden Johannes-der-Täufer-Brunnen geht es links zur berühmten **Stadttreppe** auf den Montagne de Bueren. Die 374 Stufen sind eine echte Herausforderung, nicht umsonst wird die Treppe auch als Trainingsparcours genutzt. Der Aufstieg lohnt aber wegen der schönen Aussicht auf die Stadt und das Maastal allemal. Es gibt aber auch die Möglichkeit, mit dem Wohnmobil hochzufahren, allerdings ist die Größe des Gefährts ausschlaggebend. Ein Parkplatz ist vorhanden, der eignet sich allerdings nur für Buscamper oder Wohnmobile mit maximal sechs Metern Länge.

Verkaufsstand der Brauerei Brasserie C

IN BELGIEN GIBT ES DERZEIT rund 300 Brauereien und ungefähr 1000 Biersorten. Und drei dieser Gerstensäfte kann man in der Brasserie C probieren. Vor der Stadttreppe auf den Montagne de Bueren führt nach links eine Gasse zur Brasserie, eigentlich eine Mikrobrauerei, die seit 2014 hier ihre Sorten Curtius (helles Bier), Smash (Single Malt) und Black (Starkbier) produziert. Zudem werden die Gäste zu einer kulinarischen Reise mit Spezialitäten aus Wallonien eingeladen und es gibt einen kleinen Shop mit regionalen Produkten. Infos unter brasseriec.com.

NOCH MEHR MUSEEN

Weiter in östlicher Richtung durch die Rue Hors-Château treffen Sie nach etwa 400 Metern auf die weiß-rote **Stiftskirche Sankt Bartholomäus**. Die durch ihren besonderen Anstrich auffallende Kirche wurde im 12. Jahrhundert errichtet, ist das älteste religiöse Bauwerk Lüttichs und beherbergt unter anderem ein sehenswertes Taufbecken. Einige Schritte südlich der Stiftskirche befindet sich am Maasufer das 2009 eröffnete **Museum Grand Curtis**, eines der bedeutendsten Museen der Stadt mit einer Ausstellungsfläche von 5000 Quadratmetern. Die Sammlung umfasst unter anderem archäologische Fundstücke, Waffen, Glas, religiöse und dekorative Kunstwerke. Das Museum ist in einem Herrenhaus untergebracht, das Ende des 16. Jahrhunderts vom Waffenhändler Jean de Corte im Maasländischen Renaissancestil erbaut wurde. Auf dem Weg zurück zur Maasbrücke kann man noch einen kurzen Stopp im **Museum d'Ansembourg** einlegen, das in einem Palais aus dem 18. Jahrhundert untergebracht ist und das aristokratische Leben in Lüttich beleuchtet.

10

AUSSERHALB DES HISTORISCHEN ZENTRUMS

Ein paar Gehminuten südlich der Pont des Arches in den Stadtvierteln am linken Maasufer gibt es noch ein paar bemerkenswerte Kirchen, Museen und Gebäude, die je nach Zeit, Lust und Laune eine Besichtigung lohnen, so auch die **Stiftskirche Sankt Dionysius** und die gotische **Kathedrale Sankt Paulus** samt Schatzkammer mit Objekten aus dem mittelalterlichen Lüttich. Die Schatzkammer ist aber nur mit Führung zu besichtigen. In der Nähe der Kathedrale kommen Kunstliebhaber in der **Kunstsammlung der Universität** mit rund 50 000 Werken auf ihre Kosten, Fans von religiöser Architektur und Kunst in der gotischen **Abteikirche Saint Jaques**, die zwischen 1514 bis 1538 im gotischen Stil erbaut wurde und mit ihrer Ausstattung zu den Meisterwerken religiöser Baukunst in Belgien zählt. Im Park Avroy steht ein besonderes Highlight der Kunst: das **Museum Trinkhall** mit Werken geistig behinderter Künstler. Und das Vorzeigeobjekt der modernen Architektur in Lüttich ist zweifelsohne der **Bahnhof Lüttich-Guillemins** des katalanischen Architekten Santiago Calatrava.

Architektonisches Ensemble in der Lütticher Altstadt

10

Tipp

Einmal durchatmen, Ruhe suchen, entspannen von der Stadt? Der über 1000 Quadratmeter große Botanische Garten ist dafür ein geeigneter Ort. Mit dem Anlegen des Gartens hatte 1840 die Lütticher Universität begonnen. Mittlerweile wachsen in dieser Stadtoase rund 170 Baumarten und 5000 Pflanzen, unter anderem Orchideen und Bromelien, Kakteen in jeder Form und Größe, heimische und mediterrane Pflanzen, tropische Früchte und Gewürzpflanzen. Die Gewächshäuser aus Glas, Eisen und Stein sind im Viktorianischen Stil errichtet und stehen wegen ihrer außergewöhnlichen Architektur unter Denkmalschutz. Der Eintritt in den Botanischen Garten ist übrigens gratis.

◀ Stadttreppe zum Montagne de Bueren ▲ Gemütliche Kneipe mit Stehtischen in der Rue Hors-Château ▼ Markt La Batte am Maasufer

Architektonisch reizvoll: die Rue Pierreuse in der Altstadt

AM RECHTEN MAASUFER

In den Standvierteln am rechten Maasufer interessant ist das Aquarium mit 50 Becken, in denen sich rund 200 Fischarten aus der ganzen Welt tummeln. Zudem gibt es ein Museum mit Modellen, Skeletten und Präparaten zu bestaunen.

Nochmals rund 800 Meter am rechten Maasufer entlang Richtung Süden stoßen Sie auf den bei den Stadtbewohnern beliebten Parc de la Boverie mit schönen Villen und dem Kunstmuseum Boverie mit einer bedeutenden Sammlung regionaler und internationaler Kunst.

Das auffallendste Kunstwerk des Parks steht allerdings am Maasufer: der kybernetische Turm. Die abstrakte, 52 Meter hohe Skulptur ist eine Installation des französisch-ungarischen Künstlers Nicolas Schöffer, die er 1961 erbaute. Das außergewöhnliche Kunstwerk hat ein Eigenleben, bewegt sich dank Motoren und eines elektronischen Gehirns, das seine Impulse unter anderem von Licht, Wind, Temperatur, Regen und Geräuschen erhält und darauf die Motoren ansteuert, die wiederum das Unikat bewegen. 2016 wurde der Turm grundlegend renoviert und dabei so eingerichtet bzw. programmiert, dass Besucher über das Internet und Twitter die Farbe des Turms verändern können.

Fachwerk vom Feinsten in der der Rue Pierreuse

Einige Gehminuten südlich des Parks befindet sich die Engelsbrücke Pont de Fragnée über die Maas. Sie ist nicht nur architektonisch und künstlerisch interessant, sondern auch ein guter Orientierungspunkt und praktisch zum Wechseln der Uferseite.

WER DIE STADT mal aus einer anderen Perspektive sehen und einen Teil des malerischen Maastals um Lüttich erleben möchte, der sollte an Bord des Ausflugsschiffs Le Pays de Liege steigen. Das Schiff legt in Lüttich an der Kade Van Beneden ab und bietet verschiedene Touren mit Besichtigungen und Landausflügen an. Informationen zu den Touren gibt es unter bateaulepaysdeliege.be

AUF EINEN BLICK

Info

STADT/REGION: Lüttich, Provinzhauptstadt
BESTE REISEZEIT: Ganzjährig
OPTIMALE REISEDAUER: 2–3 Tage
TOURISTINFO: Quai de la Goffe 13, Tel. +32(0)4/221 92 21, visitezliege.be

SEHENSWÜRDIGKEITEN

FÜRSTBISCHÖFLICHER PALAST:
Rue Sainte Ursule 1–5, Tel. +32(0)4/221 92 21
ARCHÉOFORUM: Place Saint-Lambert, Tel. +32(0)4/250 93 70, archeoforumdeliege.be
OPER ROYAL DE WALLONIE:
Place de l'Opéra, Tel. +32(0)4/221 47 22, operaliege.be
MOTAGNE DE BUEREN:
Aussichtspunkt, Boulevard du 12ème de Ligne
STADTTREPPE AUF DEN MOTAGNE DE BEUREN:
Rue Hors-Château 17
MUSEUM FÜR WALLONISCHE VOLKSKUNDE:
Cour des Mineurs, Tel. +32(0)4/279 20 31, lesmuseesdeliege.be
STIFTSKIRCHE SANKT BARTHOLOMÄUS:
Place Saint-Barthélemy 8, Tel. +32(0)4/221 23 72

◀ Unbedingt probieren: belgische Waffeln ▶ Hilfreiche Wegweiser

AUF EINEN BLICK

MUSEUM GRAND CURTIS: Féronstrée 136, Tel. +32(0)4/221 68 17, www.grandcurtius.be
MUSEUM D'ANSEMBOURG: Féronstrée 114, Tel. +32(0)4/221 94 02, lesmuseesdeliege.be/ansembourg
KATHEDRALE SANKT PAULUS: Rue Bonne Fortune 6, Tel. +32(0)4/232 61 32, tresordeliege.be
KUNSTSAMMLUNG DER UNIVERSITÄT: Place du Vingt Août 7, Tel. +32(0)366 56 43
ABTEIKIRCHE SAINT JAQUES: Place Saint-Jacques, Tel. +32(0)4/22 21 44
MUSEUM TRINKHALL: Parc d'Avroy, Tel. +32(0)4/222 32 95, trinkhall.museum
BAHNHOF LÜTTICH-GUILLEMINS: Place de Guillemins 2
BOTANISCHER GARTEN: Rue Fusch 3, Tel. +32(0)4/96 71 44 98, botaniqueliege.be
AQUARIUM: Quai Édouard Van Beneden, Tel. +32(0)4/366 50 21, aquarium-museum.uliege.be
KUNSTMUSEUM BOVERIE: Parc de la Boverie 3, Tel. +32(0)4/238 55 01, laboverie.com
PARC DE LA BOVERIE UND KYBERNETISCHE TURM: laboverie.com

◀ Landschaftspark Wégimont ▶ Campingplatz Domaine Wégimont

◀ Stellplatz Blégny Mine ▶ Schlossanlage der Domaine Wégimont

WOHNMOBILSTELLPLATZ BLÈGNY MINE

ADRESSE: Rue Lambert Marlet 23, B-4670 Blégny, Tel. +32(0)4/387 43 33, blegnymine.be

ANFAHRT: Auf der A3 Ausfahrt 36 Blégny und dann dem Wegweiser Blégny Mine auf der N642 folgen.

GPS: 50.686170, 5.723836

Kostenloser Stellplatz am Rande des großen Parkplatzes der ehemaligen Kohlemine mit kostenpflichtigem Stromanschluss; Säule jeweils für zwei Stellplätze. Wasserentnahmestelle, WC. Nach Sonnenuntergang wird der Platz geschlossen, allerdings ist das Verlassen des Platzes möglich.

CAMPING DOMAINE WÉGIMONT

ADRESSE: Chaussee de Wégimont 76, 4630 Soumagne, Tel. +32(0)4/279 24 00, provincedeliege.be/fr/wegimont/chateau

ANFAHRT: Auf der A3 Ausfahrt 37 Herve/Soumagne, dann auf der N3 nach Soumagne. Im Ort auf die N604 Richtung Fécher/Olne einbiegen. Nach etwa 2,5 Kilometern geht es an der Ampel nach rechts auf die N621 Richtung Ayeneux/Fléron. Einen halben Kilometer weiter stoßen Sie dann rechts auf das Landgut Wégimont.

GPS: 50.610459, 5.739717

Gepflegter, großer Campingplatz mit sehr guter Infrastruktur auf dem weitläufigen Landgut Wégimont mit Schloss, Kunstgalerie, Restaurant, Hotel und schöner Parkanlage um einen kleinen See zum Entspannen. Reservierung ist anzuraten.

DURCHS HERVER LAND

Aubel

Typische Landschaft im Herver Land mit Aubel im Hintergrund

11

Das sanft gewellte Herver Land mit Höhen zwischen 200 und 350 Metern erstreckt sich im Nordosten Belgiens, vom rechten Maasufer bei Visé bis fast an die deutsche Grenze bei Plombières. Die Stadt Herve im Süden der Provinz ist der Namensgeber. Historisch betrachtet teilte sich das Gebiet einst in die Grafschaft Dalhem und die Herzogtümer Limburg und Brabant. Politisch gehört das Herver Land heute zur wallonischen Provinz Lüttich, nur ein kleiner Teil am Maasufer zählt zu Flandern. Es wird vorwiegend Französisch gesprochen, doch je weiter man nach Osten kommt auch schon mal Deutsch.

Streuobstwiesen, kleinere Waldstücke, Kornfelder und Kuhweiden mit eingezäunten typischen Hecken wechseln sich im grünen Erscheinungsbild des Herver Landes ab. Die Region ist vor allem wegen der Produktion von Käse, Cidre, Schaumwein, Abteibier des Klosters Val-Dieu und Sirup aus Äpfeln und Birnen bekannt. Die regionalen Produkte sind auf den bunten Wochenmärkten der Orte zu finden. Einer der bekanntesten Märkte ist der Sonntagsmarkt in **Aubel**, eine hübsche, knapp 4300 Einwohner zählende Kleinstadt im Herzen des Herver Landes. Aubel ist dank seiner günstigen Lage und sehr guten Infrastruktur das touristische Zentrum der Region. Bei den Sehenswürdigkeiten hat Aubel etwas weniger zu bieten, es sind vielmehr die Highlights in der näheren Umgebung: die alte Kohlemine in Blégny, das Kloster Val-Dieu oder der Doppelort Thimister-Clermont, alle vom Camping- und Wohnmobilstellplatz Natuurlijk Limburg (siehe Auf einen Blick) gen Norden von Aubel leicht zu erreichen. Aubel ist aber bekannt für den Aubeloise, ein sehr würziger, stark riechender Käse, der mittlerweile unter dem geschützten Namen Herverkäse verkauft wird, ähnlich wie der Gouda in den Niederlanden. Zweites, vor allem landesweit bekanntes Produkt der Stadt ist Sirup der **Siroperie Artisanale d'Aubel**, die auch gratis Führungen anbietet. In diesem Familienunternehmen wird seit fünf Generation auf traditionelle Weise Sirup in Kupferkesseln hergestellt. Moderne Technik hat die Arbeit etwas erleichtert, am alten Rezept wurde allerdings nichts verändert, und es bleibt auch ein Geheimnis, das von Generation zu Generation weitergegeben wird.

11

KLOSTER VAL-DIEU

Das Kloster Val-Dieu liegt lediglich vier Kilometer westlich von Aubel im Tal Gottes und gehört zu den Top-Sehenswürdigkeiten im Herver Land. Es wurde 1216 gegründet als eine Erweiterung des Zisterzienserklosters Hocht in der heutigen belgischen Gemeinde Lanaken. Die Mönche entschlossen sich für das damals sehr abgeschiedene Tal, um die Außenwelt auf Abstand zu halten und sich auf Landarbeit und Gebet zu konzentrieren. In kurzer Zeit entstand eine blühende Klostergemeinschaft fernab von der westlichen Welt. 700 Jahre später verließen die letzten Mönche die Abtei. Seit 2001 ist die Klosteranlage unter Leitung einer christlichen Laiengemeinschaft, die das Restaurant, den Klosterladen und die Brauerei betreibt, den frei zugänglichen Park und die Basilika unterhält und Führungen durch die Anlage anbietet.

EL ODER TRIPPEL? Die Abteibiere von Val-Dieu werden zu 100 Prozent in der klostereigenen Brauerei nach alten Traditionen hergestellt. Im Geschmack der Biere spiegeln sich denn auch die Originalrezepte und Brautalente der Zisterziensermönche wider, ohne Zutun von Kräutern oder Aromen und immer treu der Nachgärung in der Flasche. Derzeit werden vier Biersorten angeboten, in den Wintermonaten zusätzlich das Weihnachtsbier Noël Kerst. Führungen mit oder ohne Verkostung unter abbaye-du-val-dieu.be.

◀ Klosteranlage Val-Dieu ▶ Schlichtes Interieur in der Klosterkirche

Interessant an jeder Ecke: die ehemalige Steinkohlenmine Blégny Mine

BLÉGNY MINE

Die Steinkohlenmine von Argenteau-Trembleur ist eigentlich besser als Blégny Mine bekannt, weil sie auf dem Gemeindegebiet von Blégny liegt. Die alte Zeche ist ein gutes Beispiel für die Umwandlung einer Industrieanlage in einen Freizeitpark, unter anderem mit Freiluftmuseum, Bummelbahn, Haldenbiotop, Gastronomiebetrieben, Kinderspiel- und Minigolfplatz und zwei Schachtanlagen, wo Besucher über einen Stollen in bis zu 60 Meter Tiefe gelangen und die Atmosphäre unter Tage hautnah erleben können. Unter der Leitung der Zisterziensermönche vom Kloster Val-Dieu begann im 16. Jahrhundert der Kohleabbau. Die Förderung erreichte in den 1970er-Jahren ihren Höhepunkt. Damals arbeiteten hier fast 700 Bergleute, die mit der Schließung der Zeche im März 1980 ihren Arbeitsplatz verloren. Kurze Zeit später kaufte die Provinz Lüttich die Anlage und bereits im Juni 1980 konnte sie teilweise besucht werden. In den Jahren danach wurde die Anlage immer mehr ausgebaut und für den Tourismus weiterentwickelt. Im Juli 2012 wurden der Erhalt und die Umwandlung der Zeche mit der Aufnahme in die Liste des Welterbes belohnt.

Die alte Steinkohlenmine hat einige Wohnmobilstellplätze am Rande des großen Parkplatzes. Schon deswegen lohnt sich die Fahrt hierher, der Stellplatz ist aber auch Ausgangspunkt für den Besuch von Lüttich (siehe Highlight 10).

Kirche Saint-Jacques-le-Majeur in Thimister-Clermont

THIMISTER-CLERMONT

Etwa 15 Autominuten südlich von Aubel liegt die Doppelgemeinde Thimister-Clermont, die einen Besuch lohnt. Vor allem das charmante Clermont an den Ufern von Berwinne und Bèfve ist die Fahrt hierher allemal wert. Es scheint, als sei das Dorfbild seit Jahrhunderten kaum verändert. Der malerische Kern ist denn auch der Grund, weshalb das Dorf zu einem der schönsten in Wallonien gewählt wurde. Zentrum ist der 2001 vollständig restaurierte **Place de la Halle** (Marktplatz) mit historischen, im Stil der Maas-Renaissance errichteten Bauwerken, allen voran dem **Rathaus** (Hotel de Ville). Es wurde 1888 über die Straße errichtet und diente gleichzeitig als Stadttor.

Einen Steinwurf südlich des Rathauses dominiert die Kirche **Saint-Jacques-le-Majeur** das Ortsbild. Sie ist dem Heiligen Jakobus dem Älteren geweiht, wurde im 17. Jahrhundert errichtet und ist heute von mehr als 100 historischen Grabkreuzen umgeben.

Ein paar Schritte südöstlich der Kirche lag einst das 1635 errichtete **Schloss Clermont**, von dem leider nur noch eine Mauer mit Torbogen erhalten geblieben ist. Einen guten Blick auf das Dorf hat man übrigens vom Teich des ehemaligen Schlosses, um den ein gepflegter Park zum Verweilen angelegt wurde. Ein mitgebrachter, voller Picknickkorb könnte eine Pause dort versüßen.

Vollständig erhalten und heute als Vier-Sterne-Hotel in Betrieb ist das **Château Crawhez**, ein herrschaftliches Schloss aus der Mitte des 16. Jahrhunderts, etwa zwei Kilometer nördlich von Clermont.

11

DIE WALLONISCHE KLEINSTADT HERVE mit knapp 18 000 Einwohnern ist nicht nur Namensgeber der Region sondern auch des landesweit geliebten Herver Käses, der bereits im 17. Jahrhundert als regionale Spezialität angepriesen wurde. Vor Ort als Remoudou bezeichnet, kommt der orange-gelbe Weichkäse in matt glänzender Würfelform mit einigen Bruchlöchern über die Theke. Er wird traditionell mit Kuhmilch aus dem Herver Land hergestellt, ist ein sehr würziger und pikanter und je nach Reife mild bis intensiv riechender Käse, der bestens zum Bier passt. Erhältlich ist er unter anderem in den Käseläden Le Herve du Vieux Moulin (Rue de Herve 169, leherveduvieuxmoulin.be) und Herve-Societe (Rue de Charneux 32,herve-societe.be), beide am Ostrand von Herve gelegen.

◀ Im typischen Maas-Renaissance-Stil: das Rathaus von Thiminster-Clermont

▲ Käseproduktion im Herver Land ▼ Landschaftsbild im Herver Land

11

PLATTDEUTSCHE STÄDTE

In der rund 10 000 Einwohner zählenden Stadt Welkenraedt wird offiziell Französisch gesprochen, jedoch wurde per Gesetz erlassen, dass der Schulunterricht auch in einer anderen Sprache geführt werden kann, schließlich liegt die Stadt in der deutsch-belgisch-niederländischen Region Euregio Maas-Rhein, etwa 15 Kilometer von Aachen entfernt. Gemeinsam mit einigen umliegenden Städten, darunter auch Plombières, zählt Welkenraedt zu den sogenannten plattdeutschen Gemeinden. Sehenswert in der Stadt sind unter anderem das Zimmermann-Haus aus dem 18. Jahrhundert, die neoromanische Kirche Sankt Johannes der Täufer von 1880 und die Kirche Sankt Georg mit romanischem Turm. Im Gemeindegebiet liegt auch das Schloss Ruyff aus dem 12. Jahrhundert, das aber nur von außen zu besichtigen ist.

Ehemaliger Förderturm der Kohlemine Blégny Mine

Innenhof der Klosteranlage Val-Dieu

Im deutschen Namen der knapp 11 000 Einwohner zählenden Stadt **Plombières**, Bleiberg, ist bereits der Wirtschaftszweig erhalten, mit dem die Stadt einen Aufschwung erlebte: dem Abbau von Blei. Aufzeichnungen belegen, dass die Förderung bereits im 14. Jahrhundert stattfand. Aber erst im 19. Jahrhundert begann der Bleiabbau größere Ausmaße anzunehmen. Mitte der 1970er-Jahre kam das Aus des Bergwerks. Heute sind die Stadt an der Göhl und ihre Umgebung beliebtes Ausflugsziel. Eines der Highlights auf dem Gemeindegebiet befindet sich in Moresnet: das **Eisenbahn-Viadukt** über das Tal der Göhl. Die Brücke überspannt seit 1916 das Tal auf einer Höhe von 58 Metern und mit einer Länge von 1120 Metern; sie ist damit eine der längsten Eisenbahnbrücken in Europa.
Von **Schloss Alensberg** in der Nähe ist nur noch der mittelalterliche fünfstöckige Wohnturm samt Gutshaus vorhanden, die mit der Einfriedung in 2015 vollständig renoviert wurden.

Tipp

Der Kalvarienberg im Bleiberger Ortsteil Moresnet ist sowohl bei Pilgern wie auch bei Pflanzenliebhabern beliebt. Die dortige Verehrung der Muttergottes führt auf eine wundersame Heilung in 1750 zurück. Seitdem pilgern Menschen aus unterschiedlichen Gründen hierher. In 1902 wurde ein Kreuzweg mit 14 Stationen in Form von Grotten mit Lavasteinen, Zierbüschen, edlen Holzsorten und blühenden Blumen angelegt. Zigtausende Pflanzen wurden auf dem Kreuzweg gepflanzt, darunter auch fast 100 exotische Arten, weshalb auch Gartenfreunde gerne den Weg hierher nehmen.

AUF EINEN BLICK

Info

STADT/REGION: Aubel, Provinz Lüttich
BESTE REISEZEIT: Ganzjährig
OPTIMALE REISEDAUER: 2–3 Tage
TOURISTINFO: Place de la Gare 1, B-4650 Herve, Tel. +32(0)87/69 31 70, belgien-tourismus-wallonie.de/de/content/die-tourist-info-des-herver-landes

SEHENSWÜRDIGKEITEN

SIROPERIE ARTISANALE D'AUBEL: Rue Saint-Antoine 16, B-4880 Aubel, Tel. +32(0)87/68 64 38, sirop.be
KLOSTER VAL-DIEU: Val-Dieu 227, B-4880 Aubel, Tel. +32(0)87/69 28 28, abbaye-du-val-dieu.be
BLÉGNY MINE: Rue Lambert Marlet 23, B-4670 Blégny, Tel. +32(0)4/387 43 33, blegnymine.be
THIMISTER-CLERMONT: thimister-clermont.be/commune/services-communaux/tourisme
WELKENRAEDT: belgien-tourismus-wallonie.de/de/content/fremdenverkehrsamt-von-welkenraedt
PLOMBIÈRES: plombieres.be/plombieres/contenu/tourisme/de
KALVARIENBERG: ostbelgien.eu/de/fiche/virtualtour/kalvarienberg-von-moresnet

◀ Campingplatz Natuurlijk Limburg ▶ Traditionelle Käseherstellung

◀ Viel Platz auch für gößere Wohnmobile gibt es bei der Blégny Mine …
▶ … aber auch am Campingplatz Natuurlijk Limburg.

CAMPING NATUURLIJK LIMBURG

ADRESSE: Roodbos 3, B-3791 Voeren, Tel. +32(0)472/12 16 87, campingnatuurlijklimburg.be
ANFAHRT: Der Campingplatz liegt direkt an der belgischen Landesstraße N468.
GPS: 50.730391, 5.866102
Wunderschön gelegener, ganzjährig geöffneter Campingplatz mit Stellplätzen für Wohnmobile bis zu neun Metern Länge auf Rasengitter. Stromanschluss mit 6 Ampere, schöne Sanitäranlage, Swimmingpool, Restaurant, Hunde erlaubt. Reservierung ist nicht möglich.

WOHNMOBILSTELLPLATZ BLÈGNY MINE

ADRESSE: Rue Lambert Marlet 23, B-4670 Blégny, Tel. +32(0)4/387 43 33, blegnymine.be
ANFAHRT: Auf der A3 Ausfahrt 36 Blégny und dann dem Wegweiser Blégny Mine auf der N642 folgen.
GPS: 50.686170, 5.723836
Beschreibung siehe Auf einen Blick bei Highlight 10.

ALTERNATIVE

In der Umgebung von Aubel bzw. im Herver Land gibt es kaum Campingplätze für Tagesgäste und/oder Wohnmobilstellplätze. Wenn der Campingplatz Natuurlijk Limburg besetzt ist, ist eine gute Ausweichmöglichkeit der auf niederländischer Seite gelegene Campingplatz Grensheuvel (siehe Auf einen Blick bei Highlight 5, etwa neun Kilometer entfernt).

BELGISCHES WESERTAL

Eupen

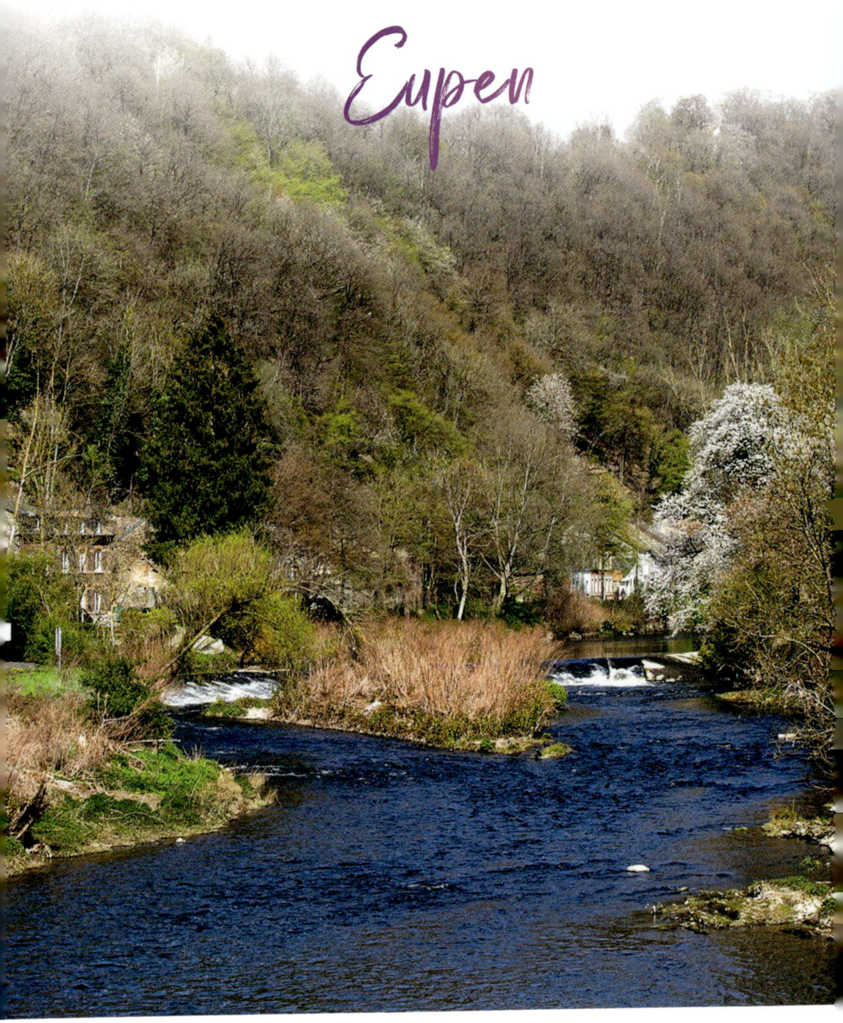

Wesertal bei Nessonvaux

12

Vesdre, Vesse, Vesder, Weser – alles Namen für ein und denselben Fluss, denen Sie auf Karten und unterwegs durchs Wesertal öfters begegnen werden, schließlich fließt der fast 70 Kilometer lange Fluss durch deutsches, niederländisches, flämisches und französisches Sprachgebiet. Beidseitig der Weserufer haben sich hübsche Orte und Kleinstädte entwickelt, wie die Tuchmacherstadt Eupen, das Burgdorf Limbourg, die Wasserstadt Verviers oder der Kurort Chaudfontaine.

Die Weser entspringt im belgischen Naturpark Hohes Venn nahe der deutschen Grenze. Nach einem kurzen Abstecher nach Deutschland bei Roetgen fließt die Weser gen Westen und wird einige Kilometer nach der Grenze aufgestaut. Die Wesertalsperre wurde zwischen 1938 und 1950 angelegt, wodurch das wichtigste Trinkwasserreservoir in Ostbelgien entstanden ist. Der 126 Hektar große Speicher wird von der Weser, dem Hillbach und dem Getzbach gespeist. Er versorgt Eupen und Umgebung, das Herver Land und den Großraum Lüttich mit Trinkwasser, das über eine äußerst bakteriologische Reinheit verfügt. An der Südseite der 63 Meter hohen Staumauer gibt es einen kleinen Wohnmobilstellplatz, einen größeren Stellplatz an der Nordseite (siehe Auf einen Blick), wo sich unter anderem auch ein interessantes Informationszentrum, ein Kinderspielplatz, ein Restaurant mit Seeblick-Terrasse und ein Walderlebnispfad mit Wissenswertem zur Tier- und Pflanzenwelt befinden. Und auf Schautafeln werden Informationen über die Errichtung der Sperre, die Aufbereitung des Wassers und vieles mehr veranschaulicht.

Von der Talsperre sind es rund sechs Kilometer nach Eupen, dem Tor zum Wesertal und der »Hauptstadt« der deutschsprachigen Gemeinschaft in Belgien. Ein guter Ausgangspunkt für die Erkundung der Stadt und des Wesertals ist der Campingplatz Hertogenwald (siehe Auf einen Blick), rund vier Kilometer vom Eupener Zentrum entfernt. Einen separaten Radweg entlang der stark befahrenen Landesstraße N629 gibt es leider (noch) nicht, dafür aber gute Busverbindungen. Die Haltestelle liegt nahe des Campingplatzes. Aktuelle Fahrzeiten, Ticketpreise und Infos, wo Sie im Eupener Zentrum am besten aus- bzw. umsteigen, erhalten Sie an der Rezeption des Campingplatzes.

12

BEI DER WESERTALSPERRE verläuft eine ausgeschilderte Radroute am Nordufer des Sees entlang durch den Hertogenwald nach Roetgen in Deutschland. Danach geht es über die alte Eisenbahntrasse der Vennbahn weiter nach Raeren, von dort am Waldrand entlang nach Eupen und über die Talsperre Gileppe wieder retour zur Wesertalsperre. Die Strecke ist 48 Kilometer lang und mit Radknotenpunkten bestens markiert. Der Knotenpunkt 41 befindet sich bei der Talsperre. Nach Roetgen folgen Sie einfach den Nummern 42, 43 und 46. In Roetgen treffen Sie auf die Nummer 11. Danach geht es zur Nummer 48 nach Raeren, an der deutsch-belgischen Grenze und über 29, 30 und 45 nach Eupen. In der Stadt können Sie die Tour abkürzen, indem Sie entlang der Landstraße zur Talsperre zurück radeln. Die etwas längere Route um Membach (34, 35 und 39) führt zur Gileppe-Talsperre (38) und dann über 58 wieder nach Eupen, wo es dann zur Talsperre zurück geht.

Radwegweiser bei der Wesertalsperre

Staudamm der Wesertalsperre bei Eupen

EUPEN

Eupen liegt am Nordrand des Naturparks Hohes Venn, am Zusammenfluss von Weser und dem Hillbach. Die Kleinstadt mit knapp 20 000 Einwohnern gliedert sich in eine Unter- und eine Oberstadt. Von den Einwohnern spricht übrigens die Mehrheit Deutsch, weshalb die Stadt auch der offizielle Sitz der Regierung und der Verwaltungsbehörden der rund 80 000 Menschen umfassenden, deutschsprachigen Minderheit in Belgien ist.

Das historische Zentrum ist übersichtlich und zu Fuß leicht zu erkunden. Einen Parkplatz fürs Wohnmobil finden Sie in der Hufengasse, Ecke Lascheterweg und am Werthplatz. Von beiden Parkplätzen aus sind es je zehn Gehminuten in die Altstadt rund um den Marktplatz. Durch die Hufengasse oder besser vom Werthplatz aus geht es durch die Gospertstraße, später durch die Klötzenbahn zur **Kirche Sankt Nikolaus**, deren Ursprung bis ins 13. Jahrhundert zurück reicht. Im 14. Jahrhundert wurde aus der damaligen Kapelle eine Kirche, die im 17. Jahrhundert zur Kirche Sankt Nikolaus geweiht wurde. In den 1720er-Jahren entstand schließlich die heutige Kirche nach den Entwürfen des Aachener Stadtbaumeisters Laurenz Mefferdatis im Stil der Renaissance. Der Innenraum ist im Barockstil gestaltet mit dem Hochaltar mit vergoldetem Tabernakel, Schnitzarbeiten und Marmorierungen als Höhepunkt. Sehenswert sind zudem Kanzel, Orgel, die Statuen in den Nischen und die Beichtstühle.

◀ Marktplatz mit Sankt-Nikolaus-Kirche ▲ Kaufmannshaus Grand Ry
▼ Patrizierhäuser in der Gospertstraße mit Friedenskirche

Unterwegs vom Werthplatz ins Zentrum passieren Sie wunderschön restaurierte Patrizierhäuser. Bereits am Werthplatz 1 prunkt das **Haus Mennicken** aus dem 18. Jahrhundert, im historischen Kaufmannshaus De Ru's in der Gospertstraße 52 befindet sich das **Stadtmuseum**, das vor allem über die Tuchindustrie informiert, die der Stadt zu einem wirtschaftlichen Aufschwung verhalf. Denn ab dem 17. Jahrhundert siedelten sich immer mehr Webereien und Tuchhändler in der Stadt an. Grund dafür war das besonders kalkarme und milde Wasser der Weser und ihrer Nebenflüsse, aus den Mooren des Hohen Venns, das sich hervorragend zum Reinigen von Wolle und anderen Textilien eignete.
Ein paar Schritte nach dem Museum zeugen weitere, aus dem 18. und 19. Jahrhundert stammende Kaufmannshäuser vom einstigen Reichtum der Händler: das **Patrizierhaus** in der Gospertstraße 42 mit barockem Garten, jenes schräg gegenüber und jene beidseitig der Gospertstraße vor der Friedenskirche. Hervorzuheben ist das **Kaufmannshaus Grand Ry**, das 1761 in zweijähriger Bauzeit für den Tuchfabrikanten Nikolas Grand Ry erbaut wurde. Von 1893 bis 1978 diente es als Postamt, weshalb das stattliche Gebäude auch Alte Post genannt wird. Heute ist es Sitz der Regierung der deutschsprachigen Gemeinde.

12

Neben den Kaufmannshäusern gibt es noch einige Sehenswürdigkeiten, die eine Besichtigung lohnen. Das denkmalgeschützte **Kloster Heidberg** aus dem 18. Jahrhundert, eine Abtei des Rekollektinnenordens, das seit 2012 als Bildungszentrum und Ort der Begegnung der deutschsprachigen Gemeinschaft genutzt wird. Am südlichen Zentrumsrand liegt der Aussichtspunkt **Moorenhöhe**, von dem aus sich ein Panoramablick auf das Wesertal, den Hertogenwald und die Unterstadt öffnet. Eine Tafel erklärt übrigens die Bauten in der Unterstadt aus der Blütezeit der Tuchindustrie. Im Norden der Stadt, im Stadtteil Kettnis, liegen das **Wasserschloss Weims**, heute ein Bed and Breakfast, das **Schloss Thal**, in dem heute ein deutscher Geschäftsmann wohnt, und **Schloss Libermé**, ein von Wassergräben geschütztes Anwesen, in dem Kammerkonzerte stattfinden. Am Westrand befindet sich die **Burg Stockem** im gleichnamigen Stadtteil, einst Sitz der Herren von Eupen, heute größtenteils als Privatwohnungen genutzt. Zudem gibt es eine Vielzahl an historischen Denkmälern und Brunnen, die an die reiche Stadtgeschichte erinnern. Und last but not least gibt es jeden Mittwoch am Fluss einen **Wochenmarkt** für regionale Produkte.

Kirchstraße in der Eupener Altstadt

12

DAS IKOB IN EUPEN ist ein sehr interessantes Museum für zeitgenössische Kunst mit Werken nationaler und internationaler Künstler unter anderem aus Deutschland, den Niederlanden, Frankreich und Österreich. Neben der eindrucksvollen permanenten Kollektion werden auch regelmäßig wechselnde Ausstellung veranstaltet mit Kunstwerken, die die aktuellsten Strömungen in der zeitgenössischen Kunst zeigen. Das Museum ist in einem sehr auffallenden, treppenartig angelegten Gebäude untergebracht. Informationen, auch in Deutsch, finden Sie auf der Website des Museums unter ikob.be.

◀ Idyllisch am Ufer der Weser: Pepinster ▲ Bruchsteinäuser in Limbourg
▼ Wesertal bei Verviers

Blick vom Aussichtsturm auf die Gileppe-Talsperre

DURCHS TAL RICHTUNG WESTEN

Westlich von Eupen erreicht die Weser das französische Sprachgebiet und das knapp 6000 Einwohner zählende **Limbourg**, Keimzelle und Namensgeber der heutigen niederländischen und belgischen Provinzen Limburg. Auch das kleine Limbourg profitierte ab dem 19. Jahrhundert von der Textilindustrie. Im kleinen Kern befindet sich noch historische Bausubstanz, was einen kurzen Rundgang lohnt.

Ein paar Kilometer südlich von Limbourg wurde von 1867 bis 1878 die **Gileppe-Talsperre** angelegt, benannt nach dem Bach Gileppe, der in den Mooren des Hohen Venns entspringt. Auf der 52 Meter hohen Staumauer, einst die älteste Betonmauer Europas, wurde ein 13,5 Meter hoher Sandsteinlöwe als Wahrzeichen errichtet. Von 1967 bis 1971 wurde die Mauer um weitere 15 Meter erhöht, wodurch sich die Wasseroberfläche von ursprünglich 86 auf 139 Hektar vergrößerte. In den 1970er-Jahren kam ein rund 78 Meter hoher Aussichtsturm hinzu, in 2008 wurden ein Tourismuszentrum mit Museum, Präsentationsraum und Café-Restaurant mit Seeblick-Terrasse sowie ein Wohnmobilstellplatz ergänzt (siehe Auf einen Blick). Die Umgebung des Stausees kann zu Fuß oder mit dem Rad erkundet werden. Ein Radverleih befindet sich im Tourismuszentrum.

Typisches Bruchsteinhaus in Olne

Wieder im Tal der Weser ist **Verviers** der nächste lohnenswerte Stopp. Der Ort bezeichnet sich selbst als Wallonische Hauptstadt des Wassers wegen der zahlreich angelegten Brunnen, Wasserspiele und einem Wassermuseum. Wie auch Eupen wurde die heute über 55 000 Einwohner zählende Stadt von der Tuchindustrie im 18. und 19. Jahrhundert beeinflusst. An diese wirtschaftliche Blütezeit erinnern heute das **Museum Centre Touristique de la Laine et de la Mode** und viele reiche **Kaufmannshäuser**. Neben den Patrizierhäusern sehenswert sind auch noch das ehemalige **Postgebäude** mit gotischen Elementen, die Sakralbauten **Saint-Remacle** und **Notre-Dames des Récollets**, das neoklassizistische **Theater** und der **Hauptbahnhof** mit einer Eingangshalle im Jugendstil.

Über die touristisch weniger interessanten Orte Pepinster, Goffontaine, Nessonvaux und Trooz erreichen Sie das rund 21 000 Einwohner zählende **Chaudfontaine**, dessen Name übersetzt »Heiße Quelle« bedeutet. Der Name verweist auf die Thermalquellen in der Stadt, deren heilende Wirkung bereits seit 1676 bekannt ist. Chaudfontaine ist im 18. und 19. Jahrhundert durch die Thermalquellen zu einem beliebten Kurort herangewachsen. Kurhaus, Kurpark und Kurkliniken für verschiedene Therapien fehlen denn auch nicht. Einen guten Einblick in das Element Wasser vermittelt das **SourceOrama** – das Wassermuseum, direkt an der Landesstraße N269, die durch das Wesertal verläuft.

12

Tipp

Von Nessonvaux an der Weser führt eine Straße Richtung Norden ins etwa vier Kilometer entfernte Olne, das zu den schönsten Dörfern Walloniens zählt. Überzeugen Sie sich selbst vom charmanten, historischen Kern des 4000-Seelen-Ortes, wo sich in der Nähe auf dem Landgut Wégimont auch noch ein hervorragender Campingplatz befindet (siehe Auf einen Blick bei Highlight 10).

◀ Historisches Bruchsteinhaus in Limbourg ▲ Kurhaus in Chaudfontaine
▼ Oase der Ruhe: der Kurpark in Chaudfontaine

AUF EINEN BLICK

Info

STADT/REGION: Eupen, Provinz Lüttich
BESTE REISEZEIT: Ganzjährig
OPTIMALE REISEDAUER: 2–3 Tage
TOURISTINFO: Marktplatz 7, B-4700 Eupen,
Tel. +32(0)87/55 34 50, eupenlives.be

SEHENSWÜRDIGKEITEN

STADTMUSEUM: Gospertstraße 52–54, Tel. +32(0)87/74 00 05, stadtmuseum-eupen.be
IKOB: Rotenberg 12b, Tel. +32(0)87/56 01 10, ikob.be
MOORENHÖHE: Aussichtspunkt, Moorenhöhe 3, GPS: 50.625021, 6.036303
WESERTALSPERRE: Besucherzentrum, Langesthal 164, Tel. +32(0)87/74 31 61, eupener-talsperre.be
VERVIERS UND WESERTAL: paysdevesdre.be
MUSEUM CENTRE TOURISTIQUE DE LA LAINE ET DE LA MODE: Rue de la Chapelle 30, B-4800 Verviers, Tel. +32(0)87/30 79 20, www.aqualaine.be
SOURCE O RAMA: Avenue des Thermes 78, B-4050 Chaudfontaine, Tel. +32(0)4/364 20 20, visitchaudfontaine.be
OLNE: olne.be

CAMPING HERTOGENWALD

ADRESSE: Oestraße 78, B-4700 Eupen, Tel. +32(0)87/74 32 22, brasserie-hertogenwald.be/camping
ANFAHRT: Der Campingplatz liegt direkt an der Landesstraße N269, die durch das Wesertal verläuft.
GPS: 50.614532, 6.016941
Gepflegter Campingplatz, etwa drei Kilometer von Eupen entfernt, mit schönen, teils befestigten Stellplätzen, moderner Sanitäranlage, kostenlosem Internet, Waschmaschine, Kinderspielplatz, auch Dauercamper. Zentraler Ausgangspunkt für die Erkundung des Wesertales und der Gileppe-Talsperre. Der nahe liegende Campingplatz Wesertal ist etwas ungepflegt und deshalb weniger zu empfehlen.

◀ Campingplatz Hertogenwald ▲ Meisterwerk der Technik: die Wesertalsperre ▼ Stellplatz an der Gileppe-Talsperre

WOHNMOBILSTELLPLATZ WESERTALSPERRE

ADRESSE: Langesthal 164, B-4700 Eupen

ANFAHRT: Auf der N68 und dann am südlichen Stadtrand von Eupen auf den Kehrweg einbiegen. Ab hier sind es ca. sechs Kilometer entlang der Weser zum Stellplatz.

GPS: 50.621858, 6.091403

Stellplatz beim Besucherzentrum der Wesertalsperre ohne Infrastruktur. Gut für eine Nacht, allerdings wird oft über Lärm geklagt. Auf der anderen Seite der Staumauer kann man ebenfalls mit dem Wohnmobil eine Nacht verbringen.

WOHNMOBILSTELLPLATZ LAC DE LA GILEPPE

ADRESSE: Route de la Gileppe 55A, B-4845 Jalhay

ANFAHRT: Von Eupen aus auf der N629 oder von Limbourg aus auf der N620 und dann in die N269 einbiegen. Der Weg zur Talsperre ist bestens ausgeschildert.

GPS: 50.587795, 5.969772

Vier Stellplätze am Rande eines großen Parkplatzes mit asphaltiertem Untergrund, ohne Infrastruktur. Gut für eine Nacht, schöne, ruhige Lage.

IM NATURSCHUTZGEBIET HOHES VENN

Botrange

Aussichtsplattform im Naturschutzgebiet Hohes Venn

Je nach Saison mit Wildblumenwiesen, weißem Wollgras, violetter Heide oder einer Schneedecke überzogen – das sensible Naturschutzgebiet Hohes Venn in Ostbelgien reizt zu jeder Jahreszeit. Dabei hat dieses Gebiet nur teilweise einen natürlichen Ursprung, vielmehr ist es von Menschenhand entstanden. Umfangreicher Torfabbau, unkontrollierte Waldrodung und exzessive Weidewirtschaft haben große, offene Flächen in der einst zu 90 Prozent mit Laubwald bedeckten Landschaft geschaffen. 1957 wurde die natürliche Schönheit des Hohen Venns schließlich erkannt und man hat die verbliebenen Hochmoore und Heideflächen auf einer Fläche von rund 4500 Hektar unter strengen Naturschutz gestellt.

Der 700 Quadratkilometer große belgische Naturpark Hautes Fagnes entstand am Ende der Eiszeit vor ungefähr 7500 Jahren. Er ist Teil eines grenzüberschreitenden Naturparks, der bis nach Nordrhein-Westfalen und Rheinland-Pfalz hinein reicht. Die Verwaltung des belgischen Teils obliegt der Provinz Lüttich. Der Park erstreckt sich über zwölf Gemeinden, von Eupen im Norden bis Malmedy im Süden und von Jalhay im Westen bis an die deutsche Grenze im Osten.

Kaum merkbar steigt ab Eupen die Straße quer durch dieses Naturschutzgebiet auf fast 700 Meter an. Links und rechts der breiten Asphaltstraße wechseln sich Waldinseln, offene Heide und Moorlandschaften ab. Unterwegs gibt es einige Parkplätze am Straßenrand, von denen aus man in einem ausgedehnten Wander- und Radwegenetz die vielfältige natürliche und kulturelle Geschichte der Region erkunden kann. Die Parkplätze eignen sich auch für Wohnmobile, übernachten kann man aber nur an zwei Stellen (siehe Auf einen Blick).

Tipp

Falls es im Naturpark doch zur ruhig ist: Am Südrand des Naturparks befindet sich der vor fast 100 Jahren aufgestaute, 80 Hektar große See von Robertville. Radfahren, Wandern im dicht bewaldeten Uferbereich, Burgen, Schlösser oder Museen in der Umgebung besuchen, Schwimmen oder Tret-, Ruder- oder Elektroboot mieten – der See samt Umgebung ist ein Mekka für Touristen. Informationen unter robertville.be.

13

BOTRANGE

Kurz vor dem höchsten Punkt im Naturpark befindet sich die Baraque Michel mit der Kapelle der Heiligen Mutter der Zuflucht. Das unscheinbare Gotteshaus wurde 1803 vom Industriellen Henri Fischbach aus Malmedy mit einer Laterne am Dach errichtet. Die jeweiligen Besitzer der Baraque waren damals verpflichtet, die Laterne bei Dunkelheit anzuzünden, um Verirrten in der Heidelandschaft den Weg zur Baraque zu weisen. Bis Mitte des 19. Jahrhunderts wurde die Laterne genutzt.

Einen Steinwurf hinter der Kapelle breitet sich eine offene Heidelandschaft aus, die im Zuge der Renaturierung zwischen 2007 und 2012 wieder fast ihr ursprüngliches Aussehen erhalten hat. Über angelegte, mit Kies und Sand befestige Wege kann man durch die Landschaft spazieren und die Natur aus nächster Nähe auf sich einwirken lassen.

Nach der Baraque Michel geht es über den Mont Rigi auf etwa 680 Metern zur Scheitelgrenze des Parks auf die 694 Meter hohe Botrange. Hinter dem Steingebäude mit Turm samt Sendeanlage, dem Signal de Botrange, befindet sich eine auffallende Steintreppe, die sechs Meter hoch ragt und ins Nichts führt. Aber mit den sechs Höhenmetern mehr kann man letztendlich auf exakt 700 Meter über dem Meeresspiegel »klettern« und damit auf dem höchsten Punkt Belgiens stehen. Ein klassischer Aussichtspunkt ist die kleine Plattform oben allerdings nicht und schwindelfrei müssen Sie auch nicht sein.

◀ Markiert Belgiens höchsten Punkt: die Botrange-Steintreppe

▶ Kapelle der Heiligen Mutter der Zuflucht

Infotafel im Naturpark Hautes Fagnes bei der Baraque Michel

Auf dem großen Parkplatz bei der Botrange kann man sein Wohnmobil parken und für zwei bis drei Tage gratis übernachten. Vom Stellplatz sind es dann nur ein paar Schritte ins Herz des Hohen Venns an der anderen Straßenseite, wo eine Aussichtsplattform mit Informationstafeln errichtet wurde. Von hier aus führen links und rechts (Bohlen-)Wege und markierte Pfade durch die Heide- und Moorlandschaft. Um das sensible Naturschutzgebiet zu schützen, sind weite Teile gesperrt, andere wiederum nur mit anerkannten Führern zu besuchen. Das Naturschutzgebiet ist deshalb in drei Zonen eingeteilt: A, B und C, wo wandern mit Hund, ohne Vierbeiner oder nur mit Führer erlaubt ist. Informationen über die Regeln und vieles mehr gibt es im Zentrum Botrange.

Ein paar Fahrminuten südlich von der Botrange gibt es das offizielle **Naturparkzentrum** mit ausführlichen Informationen zum Naturpark, einem Naturlehrpfad, einem Café und einem Shop, wo unter anderem Wander- und Radkarten erhältlich sind. Zudem werden geführte Touren und Fahrten mit einem Planwagen angeboten. Beim Zentrum gibt es einige Wohnmobilstellplätze (siehe Auf einen Blick).

Tipp

Etwa 15 Kilometer südwestlich vom Signal de Botrange liegt Malmedy. Die reiche und turbulente Geschichte der knapp 13 000 Einwohner zählenden Kleinstadt spiegelt sich in zahlreichen Gebäuden wider: der Kathedrale samt Schatzkammer und Kloster, dem Museum Baugnez 44, das die Ardennenoffensive beleuchtet und den historischen Häusern im Zentrum. Traditionelle Feste wie das bunte Blumen- und Gartenfest oder der Karneval runden das Angebot für Besucher ab.

AUF EINEN BLICK

Info

STADT/REGION: Botrange, Ostbelgien
BESTE REISEZEIT: Frühjahr, Spätsommer und Herbst
OPTIMALE REISEDAUER: 2–3 Tage
TOURISTINFO: Naturparkzentrum, Route de Botrange 131, B-4950 Waimes, Tel. +32(0)80/44 03 00, botrange.be

SEHENSWÜRDIGKEITEN

KAPELLE FISCHBACH UND BARAQUE MICHEL: Baraque Michel 36, B-4845 Jalhay, Tel. +32(0)80/44 48 01, baraquemichel.com
SIGNAL DE BOTRANGE: Route de Botrange 133, B-4950 Waimes
NATURPARKZENTRUM: Route de Botrange 131, B-4950 Waimes, Tel. +32(0)80/44 03 00, botrange.be
LAC DE ROBERTVILLE: Parkplatz, Rue des Bains 19, und Staudamm, Rue du Barrage, B-4950 Waimes, roberville.be
KATHEDRALE VON MALMEDY: Kathedrale Sankt Peter, Paul und Quirinus, Place du Châtelet, B-4960 Malmedy
MUSEUM BAUGNEZ 44: Route de Luxembourg 10, 4B-960 Malmedy, Tel. +32(0)80/44 04 82, baugnez44.be

WOHNMOBILSTELLPLATZ SIGNAL DE BOTRANGE

ADRESSE: Route de Botrange 133, B-4950 Waimes
ANFAHRT: Der Parkplatz liegt direkt an der N676, die durch den Naturpark führt und Eupen mit dem Lac de Robertville verbindet.
GPS: 50.501647, 6.093494

◀ Stellplatz beim Signal de Botrange ▶ Naturparkzentrum Botrange

◀ Im Naturschutzgebiet Hohes Venn ▶ Typisches Moor-Wollgras

Kostenloser, großer Parkplatz mit festem sandigen Untergrund ohne Parzellierung, wobei die Wohnmobile meistens am Süd- und am Westrand geparkt werden. Infrastruktur für Camper ist nicht vorhanden. Parken auch mit übergroßem Wohnmobil möglich. Die Aufenthaltsdauer sollte nicht länger als drei Nächte sein. Gute Lage für die Erkundung des Naturparks.

WOHNMOBILSTELLPLATZ NATURPARKZENTRUM

ADRESSE: Route de Botrange 131, B-4950 Waimes
ANFAHRT: Der Parkplatz liegt ein paar Meter abseits der Landesstraße N676, die durch den Naturpark führt und Eupen mit dem Lac de Robertville verbindet.
GPS: 50.492828, 6.099496
Eine Handvoll Parkmöglichkeiten auf asphaltiertem Untergrund ohne Infrastruktur neben dem Naturparkzentrum; auch hier sollte die Aufenthaltsdauer nicht länger als drei Nächte betragen.

ALTERNATIVEN

Direkt am See von Robertville liegt der kleine Campingplatz Schöne Aussicht (Champagne 78, B-4950 Waimes, Tel.+32(0)495/45 79 15, campingbelle-vue.be, GPS: 50.443545, 6.134200), ein paar Kilometer südlich des Sees ist der Camping Anderegg (Bruyères 4, B-4950 Waimes, Tel. +32(0)80/67 93 93, campinganderegg.be, GPS: 50.439223, 6.118282).

DURCHS VENNVORLAND

Roetgen

Guter Rad- und Wanderweg im Vennvorland

Wandern, Radfahren und die Natur im Vennvorland und um das Naturschutzgebiet Struffelt genießen – oder einfach mal die Füße hochlegen: Das alles steht auf dem Tagesprogramm für ein paar Tage in Roetgen und Umgebung. Der in der Stadt zentral gelegene Camping Faulenbruch bietet sich dabei als Ausgangspunkt für die Erkundung an.

Die rund 8700 Einwohner zählende Stadt Roetgen kann auf eine bewegte Geschichte mit wechselnden Zugehörigkeiten zurückblicken, obwohl man ihr dies heute nicht mehr ansieht. Mal gehörte sie zum Herzogtum Jülich, mal zu Preußen, mal zu Belgien oder mal zum Kreis Monschau. Heute ist Roetgen in den Kreis Aachen eingebunden. Die Sehenswürdigkeiten der Stadt beschränken sich auf einige religiöse Bauwerke, allen voran die historische **Marienkapelle**, ein Überbleibsel der Mitte des 17. Jahrhunderts errichteten Kirche. Ebenfalls geschichtlich interessant ist die **Charliers-Mühle**, eine ehemalige Wassermühle an der Weser, die heute als Wohnhaus genutzt wird und deshalb nur von außen zu besichtigen ist. Nicht versäumen sollte man den Ortsteil **Mulartshütte**, etwa sieben Kilometer nördlich des Stadtzentrums. Mulartshütte ist mit knapp 300 Einwohnern winzig und deshalb schnell besichtigt, aber architektonisch und historisch interessant. Der Ortskern wird größtenteils von Bruchstein- und Fachwerkhäusern aus dem 17., 18. und 19. Jahrhundert geprägt. Die Häuser gehen vor allem auf die Zeit des Tuchmachergewerbes und der Weberei zurück, die beide im 18. Jahrhundert für viele Dorfbewohner den Lebensunterhalt schafften. Eines der schönsten Häuser aus dieser Zeit ist das **Jägerhaus**, ein barockes Fachwerkhaus vom Beginn des 18. Jahrhunderts. Roetgens Wirtschaft beruht heute vornehmlich auf dem Tourismus.

Der Name Mulartshütte taucht in 1504 in Verbindung mit der Eisenverhüttung zum ersten Mal auf. Im Raum Roetgen hat die Eisengewinnung bereits eine lange Tradition, die bis in die Antike zurück reicht. Damals kreuzten sich hier wichtige römische Handelsstraßen. Die Eisenverhüttung ist schon lange aus dem Ortsbild von Mulartshütte verschwunden, lediglich die alte **Nagelschmiede** auf dem schmucken Dorfplatz zeugt noch davon. Auch ein geologischer Lehr- und Wanderpfad informiert über die Eisenindustrie.

14

IN DER UMGEBUNG VON ROETGEN gibt es viele kurze, mittellange oder längere Wanderungen für alle Altersgruppen. Über die Sternrouten Roetgen (roetgen.sternrouten.de) können alle relevanten Informationen wie Streckenverlauf, Länge, Höhenunterschied und Dauer bequem und kostenlos heruntergeladen werden.

UMGEBUNG VON ROETGEN

Ein paar Kilometer nördlich von Roetgen beim Stadtteil Rott breitet sich das rund 56 Hektar große **Naturschutzgebiet Struffelt** aus. Es ist Teil des länderübergreifenden Naturparks Hohes Venn-Eifel und erhielt seinen Namen vom 450 Meter hohen Struffeltkopf. Kennzeichnend für das Gebiet sind nährstoffarme Lehmböden mit Heideflächen und Moorlandschaften. Quer durch das Naturschutzgebiet verläuft der beliebte Wanderweg Eifelsteig. Am Südrand von Rott, an der Roetgener Straße (L238) befindet sich ein Wanderparkparkplatz, von dem aus es knapp 500 Meter zur Heide- und Moorlandschaft des Naturschutzgebietes sind, das man auf einem Holzsteg erkunden kann. Ein weiterer Wanderparkplatz befindet sich nahe der Dreilägerbachtalsperre. Ab hier sind es etwa 600 Meter bis zum Stausee und rund 1,3 Kilometer bis zur Heide.

Vielerorts im Vennvorland gibt es auch Bänkchen zum rasten.

Historisches Fachwerk- und Bruchsteinhaus in Mulartshütte

Östlich von Roetgen, entlang der Bundesstraße 399, erstrecken sich das **Hoscheider** und das **Wollerscheider Venn**. Einst war dieses Gebiet vollständig mit Wäldern bestanden, die Rodungen und Naturgewalten zum Opfer fielen. Heute trifft man einen durch Aufforstung entstandenen Fichtenwald sowie großflächige Heide- und Moorlandschaften an. Auf Forstwegen ist das Gebiet zu erkunden. Unterwegs dorthin kommen Sie entlang der Bundesstraße 258 an einem Birken- und Eichenwald vorbei, in dem noch bis zu 100 Jahre alte Bäumen stehen.
Südlich von Roetgen erstreckt sich das **Vennvorland**. Es grenzt im Osten an den Nationalpark Rureifel (siehe Highlight 16) und im Südosten an den belgischen Naturpark Hohes Venn (siehe Highlight 13). Wie in vielen Regionen sind auch hier Heide- und Moorflächen vorherrschend, die über Holzstege und Naturlehrpfade zu erkunden sind. Eine schöne Wanderung führt übrigens von Roetgen zum Naturzentrum Haus Ternell. Alle Informationen zu dieser Wanderung finden Sie unter roetgen.sternrouten.de/wanderung-ternell-roetgen.

Tipp

Im Naturparkzentrum Haus Ternell in Ostbelgien, etwa zehn Kilometer zu Fuß durch den Herzogenwald südlich von Roetgen oder 20 Straßenkilometer mit dem Wohnmobil, werden viele interessante und außergewöhnliche Veranstaltungen angeboten, unter anderem »Bewusstes Gehen in der Natur« und »Waldbaden für Anfänger und Fortgeschrittene« mit den speziellen Themen »Die heilende Kraft des Waldes« und »Waldatmosphäre einatmen«. Alle Informationen dazu unter ternell.be.

AUF EINEN BLICK

Info

STADT/REGION: Roetgen, Städteregion Aachen
BESTE REISEZEIT: Mai–September
OPTIMALE REISEDAUER: 2–3 Tage
TOURISTINFO: Roetgen-Touristik e.V., Hauptstraße 55, 52159 Roetgen, Tel. 02471/84 78, roetgen-touristik.de; Naturparkzentrum Haus Ternell, Ternell 2–3, B-4700 Eupen, Tel. +32(0)87/55 23 13, ternell.be

SEHENSWÜRDIGKEITEN

ROETGEN: Marienkapelle, Hauptstraße 103, Charliers-Mühle, Mühlenstraße, Mulartshütte, Zweifaller Straße 35, alle in 52159 Roetgen
NATURSCHUTZGEBIET UND DREILÄGERBACHTALSPERRE: Parkplatz Jägerhausstraße, 52159 Roetgen

CAMPING FAULENBRUCH

ADRESSE: Faulenbruchstraße 55, 52159 Roetgen, Tel. 02471/31 76, camping-faulenbruch.de
ANFAHRT: Auf der B258 und dann in Roetgen nach links bzw. rechts in die Faulenbruchstraße einbiegen. Danach sind es etwa 750 Meter bis zum Campingplatz.
GPS: 50.643924, 6.200891
Ruhig und zentral gelegener Campingplatz mit kleiner, in die Jahre gekommener Sanitäranlage, aber sauber. Reservierung möglich.

◀ Schattiger Stellplatz im Camping Faulenbruch ▶ ... oder mit mehr Sonne.

▲ Rastplatz bei der Touristinformation in Roetgen ◀ Wanderparkplatz bei der Charliers-Mühle ▶ Vennbahn-Radweg

ALTERNATIVEN

In und um Roetgen gibt es nur wenige Möglichkeiten, sein Wohnmobil für eine Nacht zu parken. Der **Campingplatz Vichtbachtal** ist wegen mangelnder Hygiene weniger zu empfehlen, aber vielleicht ändert sich etwas in Zukunft. Etwa elf Kilometer südlich von Roetgen befindet sich der **Campingpark Zum Jone-Bur**, eine große Anlage mit 150 Plätzen, viele davon von Dauercampern belegt, und zwei Sanitärgebäuden (zum-jone-bur.de). Ein paar Kilometer weiter gibt es zwei Möglichkeiten in Monschau (siehe Auf einen Blick bei Highlight 15). Der **Aachener Campingclub Dreiländereck**, kurz ACC, nahm während der Recherche zu diesem Buch bzw. ab 2021 keine Tagesgäste auf wegen der Modernisierungen am Sanitärgebäude. Aktuelle Informationen unter acc-dreiländereck.com.

IM MONSCHAUER LAND

Monschau

Blick auf die Altstadt von Monschau

15

Eingezwängt zwischen bewaldeten Steilhängen und seit hunderten von Jahren bewacht von einer Burg, breitet sich beidseitig der Rur das hübsche Städtchen Monschau aus. Auf den ersten Blick scheint es, als spaziere man durch ein Freiluftmuseum, angesichts der historischen, mit Schiefer gedeckten Fachwerkhäuser, der romantischen Winkel, malerischen Gassen und idyllischen Plätze im kompakten Zentrum.

Vom Wohnmobilstellplatz (siehe Auf einen Blick) sind es etwa zehn Gehminuten bis zu den ersten Sehenswürdigkeiten der Stadt im Ortsteil Burgau. Sie folgen dazu einfach dem Biesweg Richtung Zentrum und stoßen nach kurzer Zeit auf die Rur. An der anderen Uferseite liegt die **Monschauer Glashütte**, wo mehrmals täglich Glasbläser-Vorführungen stattfinden. Und natürlich können auch Meisterwerke aus Glas erworben werden.

Unter dem Dach der Glasbläserei befinden sich auch ein Restaurant, ein Handwerksmarkt, eine **Halle mit Sandskulpturen** (etwas kalt – einen warmen Pulli mitnehmen!) und das **Erlebnismuseum Lernort Natur**. Auf rund 200 Quadratmetern werden hier etwa 1000 Tierpräparate ausgestellt, von der Maus bis zum Bären. Hinter einer Glasscheibe kann man ein Bienenvolk beobachten und eine Wolfs- und Bärenhöhle bestaunen. Vor allem für Kinder ist das Museum ein interessanter Ort der Begegnung mit der Natur. Die Kinder können sich mit Tierpfoten Abdrücke in Ton als Souvenir machen, in Fühlkästen ihren Tastsinn und an Fellen ihren Geruchssinn aktivieren.

MONSCHAUER ZENTRUM

Ab der Glashütte immer der Rur folgend, geht es in einem Bogen nach links ins Zentrum von Monschau. Über der Altstadt erhebt sich die mittelalterliche **Burg Monschau**, einst Sitz der Grafen von Montjois, woraus sich der Ortsname ableitete. Bergfried, Palast und Teile der Vorburg sind noch erhalten und werden teilweise als Jugendherberge genutzt. Der Panoramablick ist den etwas mühsamen Aufstieg zur Burg wert. Für Interessierte an sakralen Bauwerken lohnt sich der Blick in die alte **Pfarrkirche Sankt Mariä Geburt** aus 1726, eine ehemalige, gotische Klosterkirche mit der nebenan liegenden Abtei. Kaffeeliebhaber kommen in der **Rösterei Maas-**

sen auf ihre Kosten, in der seit 1862 Kaffee geröstet wird. Hobby- und Profifotografen sollten einen Blick ins Kunst- und Kulturzentrum werfen, ein Forum für internationale Fotografie mit bis zu fünf Fotoausstellungen pro Jahr, und das Eifeler Photographica & Film Museum besuchen, das mit rund 3000 Ausstellungstücken die Geschichte der Fotografie von ihren Anfängen bis zur digitalen Revolution beleuchtet. Sahnestück des Museums ist eine Hochgeschwindigkeitskamera der NASA mit der man bis zu 40 000 Aufnahmen pro Sekunde machen kann.
Hauptattraktion in der Altstadt ist zweifelsohne das Rote Haus, das 1752 vom Tuchfabrikant Johann Heinrich Scheibler erbaut wurde. An diesem mehrstöckigen, einstigen Wohn- und Geschäftshaus sollten Sie keinesfalls vorbeigehen, sondern einen Blick in die original eingerichteten Salons, Küche, Herren-, Schlaf- und Esszimmer werfen, denn die spiegeln großbürgerliche Wohnkultur in verschiedenen Stilen wider. Blickfang im Haus ist die frei hängende Wendeltreppe aus Eichenholz, die drei Etagen miteinander verbindet. Zudem gibt es in den ehemaligen Büroräumen unter anderem zwei Bücher mit rund 6000 Stoffmustern zu bewundern.

Tipp

Keine Lust auf einen Stadtbummel oder eine Sightseeingtour zu Fuß? In Monschau kann man bequem die Stadtbahn nehmen. 30 Minuten lang bummelt die Bahn entlang der Sehenswürdigkeiten und fährt auch zur Burg hoch. Dabei erhalten Sie Informationen zu den Bauten und der Stadtgeschichte. Die Bahn fährt von April bis September von Dienstag bis Sonntag, Mitte Juli und im August auch Montags. Einsteigen können Sie am Marktplatz oder am Busparkplatz nahe der Glashütte (Ortsteil Burgau), zehn Gehminuten vom Wohnmobilstellplatz entfernt.

UMGEBUNG VON MONSCHAU

Lassen Sie das Wohnmobil am besten stehen und erkunden Sie das Monschauer Land zu Fuß oder per Rad. Auf der Webseite der Monschau Touristik findet man etwa 25 Rundwanderungen, die kreuz und quer durch die Umgebung verlaufen, zum Download. Die Touren sind bis zu 20 Kilometer lang, haben unterschiedliche Schwierigkeitsgrade und starten fast immer von ausgeschilderten Wanderparkplätzen. Die Wanderungen

▲ Auffallende Sehenswürdigkeit in Monschau: das Rote Haus ◀ Stadtstraße in der Monschauer Altstadt ▶ Evangelische Stadtkirche

führen unter anderem durch das romantische Rurtal, zu schönen Aussichtspunkten, idyllischen Dörfer, alten Wäldern und historischen Bauwerken. Zum Radfahren mit einem normalen Touren- oder Citybike eignen sich nur der Vennbahn- und der Rur-Radweg. Für die sportliche Eifel-Höhenroute sollten Sie ein Elektrorad mitbringen. Über die Radwege hat die Monschauer Touristik umfangreiche Informationen auf ihrer Webseite zur Verfügung gestellt.

Tipp

Seit mehr als 100 Jahren wird in einer ursprünglich über ein Wasserrad angetriebenen Mühle Senf hergestellt. Die Produktion kann täglich besichtigt und in einem kleinen Laden aus rund 20 Sorten ausgewählt werden. Die historische Senfmühle befindet sich nördlich von Monschau, etwa 2,5 Radkilometer vom Wohnmobilstellplatz entfernt direkt am rechten Rurufer. Wer mit dem Wohnmobil anreisen möchte, sollte in das Navi »Laufenstraße 116, 52156 Monschau« eingeben. Aktuelle Informationen gibt es unter senfmuehle.de.

AUF EINEN BLICK

Info

STADT/REGION: Monschau
BESTE REISEZEIT: Mai–September
OPTIMALE REISEDAUER: 2–3 Tage
TOURISTINFO: Monschau Touristik, Stadtstraße 16, 52156 Monschau, Tel. 02472/804 80, monschau.de

SEHENSWÜRDIGKEITEN

GLASHÜTTE: Burgau 15, Tel. 02472/802 57 85, glashuettemonschau.com
ERLEBNISMUSEUM LERNORT NATUR: Burgau 15, Tel. 02472/987 75 30, erlebnismuseum-lernort-natur.de
SANDSKULPTUREN: Burgau 15, Tel. 02472/91 25 35
BURG MONSCHAU: Auf dem Schloss 4, eifel.info/a-burg-monschau
KAFFEERÖSTEREI MAASSEN: Stadtstraße 24, Tel. 02472/803 58 80, caffeeroesterei.de
ROTES HAUS: Laufenstraße 10, Tel. 02472/50 71, rotes-haus-monschau.lvr.de
EIFELER FOTOGRAFIE- UND FILMMUSEUM: Laufenstraße 40, Tel. 02472/35 90, altstadtpost.de
KUNST- UND KULTURZENTRUM: Austraße 9, Tel. 02472/80 31 94, kuk-monschau.de

◀ Erlebnismuseum Lernort Natur ▶ Typisches Monschauer Haus

▲ Filigrane Fußgängerbrücke über die Rur im Monschauer Zentrum

◀ Stellplatz am Biesweg ▶ Camping Perlenau

WOHNMOBILSTELLPLATZ BIESWEG

ADRESSE: Biesweg, 52156 Monschau, Tel. 02472/804 80 28

ANFAHRT: Der Stellplatz liegt am südlichen Ortsrand, direkt in einer Schleife der B258 (Burgring).

GPS: 50.554269, 6.231878

Vier Stellplätze auf Asphalt mit Strom- und Wasseranschluss sowie Müllentsorgung. Die Platzgebühr ist abends ab 19 Uhr etwas billiger als der Tagestarif. Tagsüber kann der Straßenverkehr zu etwas Lärm führen, abhängig von der Windrichtung.

CAMPING PERLENAU

ADRESSE: Perlenau 7, 52156 Monschau, Tel. 02472/41 36 oder Mobil 0151/41 90 92 48, monschau-perlenau.de

ANFAHRT: Der Campingplatz liegt direkt an der B258 zwischen Monschau und Höfen.

GPS: 50.542932, 6.236524

Schöner, in waldreicher Umgebung gelegener Campingplatz, rund 1,5 Kilometer von Monschau entfernt. Modernes Sanitärgebäude. Alle Plätze auf Gras mit Stromanschluss. Restaurant und Café.

NATUR PUR

Nationalpark Eifel

Blick auf Vogelsang IP und den Nationalpark Eifel

16

Ausgedehnte dunkle Wälder, teils völlig unberührte Wildnis, glasklare Seen und rauschende Bäche, mystische Orte, ausgewiesene Aussichtspunkte, historisch und architektonisch interessante Dörfer: Die Eifel-Region bietet genug für ein paar entspannte, aktive und genussvolle Tage.

Der **Nationalpark Eifel** im Westen Nordrhein-Westfalens zählt zu den beliebtesten und bestbesuchten Naturschutzgebieten in der Republik. In 2004 wurde ein rund 110 Quadratkilometer großes Gebiet zwischen Rurberg, Nideggen, Heimbach, Gemünd und Höfen zum Nationalpark erklärt. Mit dem Motto »Natur sein lassen« wurde das Ziel gesetzt, dass der Mensch nicht mehr in den natürlichen Lebensraum eingreift. So nimmt immer mehr die Natur ihren freien Lauf, es werden neuer Lebensraum und Rückzugsorte für Flora und Fauna geschaffen.
Egal, aus welcher Richtung Sie anreisen werden, in den oben erwähnten Orten gibt es jeweils ein Informationszentrum und eine Möglichkeit, in den Nationalpark vorzustoßen, ob zu Fuß, mit dem Rad oder Boot.

AKTIV IM NATIONALPARK

Die meisten Besucher erkunden den Nationalpark zu Fuß. Das Highlight unter den Wanderern ist zweifelsohne der **Wildnis-Trail**, ein rund 85 Kilometer langer, anspruchsvoller Wanderweg quer durch den Nationalpark. In vier Tagesetappen zwischen 18 und 25 Kilometern erlebt man die landschaftliche Vielfalt des Nationalparks, lernt viel über Flora und Fauna und ist fern der Zivilisation, sodass sich die Natur und Ruhe äußerst positiv auf Geist und Körper auswirken. Startpunkt ist Höfen. Die erste ausgeschilderte Etappe bringt Sie ins rund 25 Kilometer entfernte Einrur. Danach führen die Anschlussetappen über Gemünd (20 Kilometer) und Heimbach (rund 23 Kilometer) zum Endpunkt in Zerkall (18 Kilometer). Wer nicht vier Tage unterwegs sein möchte, kann den Trail auch in Gemünd oder Heimbach beginnen oder kleinere Rundtouren ab den Informationszentren machen. Es werden zudem geführte Wanderungen angeboten. Weiterführende Informationen erhalten Sie in den Zentren und unter nationalpark-eifel.de/de/nationalpark-erleben/wildnis-trail. Etwas weniger als die Hälfte des 240 Kilometer umfassenden Netzwerks an Wanderwegen kann auch zum

16

Radfahren genutzt werden. Die Beschilderung der Wanderwege wurde dafür zusätzlich mit roten Radpiktogrammen ausgestattet, sodass sofort ersichtlich ist, wo man radeln kann und darf. Für Mountainbiker gibt es innerhalb des Nationalparks allerdings keine Möglichkeit, ihren Sport auszuüben. Offizielle Mountainbike-Strecken wurden lediglich außerhalb des Parks angelegt. Informationen zu den Möglichkeiten per Rad gibt es unter nationalpark-eifel.de/de/nationalpark-erleben/auf-eigene-faust/radwege. Umsteigen aufs Wasser und mal den Nationalpark aus einer anderen Perspektive sehen und erkunden? Falls Sie nicht Ihr eigenes Boot für eine **Kanutour** mitbringen, können Sie dieses unter anderem in Heimbach, Rurberg und Euskirchen mieten. Und wer nicht selbst schippern möchte, kann eine Tour bei der Rursee-Schifffahrt in Heimbach buchen (rursee-schifffahrt.de). Zum **Klettern** für Jung und Alt gibt es in Hürtgenwald einen Hochseilgarten (hochseilgarten-huertgenwald.com).

Gute Wanderschuhe sind Voraussetzung für den Wildnis-Trail.

Einst NS-Ordensburg, heute Nationalpark-Infozentrum: Vogelsang IP

BEVOR SIE IN DEN NATIONALPARK aufbrechen, ist der Besuch der Ausstellung Wildnis(t)räume im Besucherzentrum Vogelsang IP zu empfehlen, vor allem auch, wenn Sie mit Kindern unterwegs sind. Das Zentrum inmitten des Nationalparks ist ein interaktives Museum, das sich mit seinem Angebot an alle Altersgruppen richtet. Hier kann man an verschiedenen Stationen Dinge anfassen, ausprobieren, schnuppern, lauschen und vieles mehr. Ein Leitsystem erleichtert die Erkundungstour durch die Ausstellung, die auch für Rollstuhl und Kinderwagen bequem zu befahren ist. Zudem gibt es eine umfangreiche Dokumentation über die einstige NS-Ordensburg Vogelsang, einen Shop für Mitbringsel und Gastronomie fürs leibliche Wohl.

AM RANDE DES NATIONALPARKS

In den Orten am Rande des Nationalparks und in der näheren Umgebung gibt es noch viel zu sehen und zu entdecken: interessante Museen, geschichtsträchtige Burgen, architektonisch sehenswerte Dörfer. Abtauchen ins Mittelalter ermöglicht das **Burgenmuseum Nideggen** am Nordrand des Nationalparks. Die Ausstellung beleuchtet das Alltagsleben in einer Burg, zeigt die wirtschaftliche Seite im Mittelalter, das Rittertum und die Schicksale der Gefangenen.

◀ Gemünd im Nationalpark Eifel ▲ Blick auf den Rursee und den Nationalpark Eifel ▼ Badestelle am Rursee

Ein außergewöhnlicher Ort ist das LVR-Industriemuseum Euskirchen. Außergewöhnlich deshalb, weil es aus einer ungewöhnlichen Entscheidung des Tuchfabrikanten Müller entstanden ist. Als der Absatz seiner Produkte 1961 einen Tiefpunkt erreichte, kein rentabler Umsatz mehr zu erzielen war, schloss der Unternehmer einfach seine Fabrik, drehte das Licht ab und verließ die Produktionsstätte. 30 Jahre später wurden die Tore wieder geöffnet und die seit der Schließung unveränderte Fabrik in ein Museum umgewandelt, das heute einen Einblick in die Tucherzeugung gibt, die hier seit 1894 stattfand.

Etwa acht Kilometer südlich von Schleiden liegt die Burg Reifferscheid, eine in 1106 zum ersten Mal erwähnte Höhenburg mit einer bewegten Geschichte. 1669 durch einen Brand völlig zerstört, wurde das Bollwerk als Barockschloss wieder zum Leben erweckt. In den folgenden Jahrhunderten abermals zerstört und wieder aufgebaut, wurde das Schloss 1805 versteigert und fristete danach ein Dasein als Steinbruch, was letztendlich zur heutigen Ruine führte. Trotzdem sind noch Vorburg, Mauer und Reste des Schlosses sehenswert.

16

17 Kilometer weiter erhebt sich über der Quelle der Ahr die **Burg Blankenheim** aus dem Jahr 1115, die heute als Jugendherberge nur auf Anfrage zu besichtigen ist. Im hübschen Ort Blankenheim, das sich mit Fachwerk herausgeputzt hat, sind vor allem für verregnete Tage das Eifelmuseum zur Geschichte des Ortes, der Eifel und der Region, das Karnevalsmuseum und das Haus am Hirtenturm, ein erhaltener Turm der historischen Stadtmauer, interessant sowie die Quelle der Ahr, die sich in den Kellergewölben eines Fachwerkhauses von 1726 befindet.

22 Kilometer nordöstlich von Gemünd erhebt sich die **Wasserburg Satzvey** aus dem 14. Jahrhundert. Die Burg ist im Besitz der Grafenfamilie Beissel von Gymnicht und dient auch als Veranstaltungsort mit einer Vielfalt an Festen mit historischem Charakter, allen voran den Ritterspielen.

Von der Burg Satzvey ist es auch nicht mehr weit nach Bad Münstereifel und wer noch mehr Zeit und Lust mitbringt, der kann seine Erkundungstour ausweiten mit einem Besuch der Burgen Eltz, Olbrück, Pyrmont, Rittersdorf, Genoveva und dem reizenden Fachwerkdorf Monreal.

Schön gelegen an der Rur: der malerische Ort Einrur

Rastplatz beim Infozentrum in Zerkall

Tipp

Die Landschaft des Nationalparks bewundern ohne längere Wanderungen zu unternehmen und immer das Wohnmobil dabei haben? Dafür hat die Deutsch-Belgische Naturpark und Rureifel-Tourismus e.V. eine Karte mit den schönsten Aussichtspunkten online zur Verfügung gestellt, auf der 45 Aussichtspunkte zu finden sind, inklusive Anreisebeschreibung und Parkplatzmöglichkeiten. Natürlich müssen auch ab und an einige hundert Meter zu Fuß zurückgelegt werden, aber bequemer lässt sich der Nationalpark wohl kaum erkunden. Und einige Aussichtspunkte sind auch barrierefrei zu erreichen. Informationstafeln bei den Aussichtspunkten zeigen Ihnen, welche Seen, Burgen und Dörfer zu Ihren Füßen liegen. Die Informationen dazu und die Karte finden Sie unter eifel-blicke.de.

AUF EINEN BLICK

Info

STADT/REGION: Nationalpark Eifel, Nordrhein-Westfalen
BESTE REISEZEIT: Frühjahr, Spätsommer und Herbst
OPTIMALE REISEDAUER: 3–4 Tage
INFORMATIONSZENTREN NATIONALPARK EIFEL:
Rurberg, Seeufer 3, 52152 Simmerath-Rurberg, Tel. 02473/937 70; Gemünd, Kurhausstraße 6, 53937 Schleiden-Gemünd, Tel. 02444/20 11; Heimbach, An der Laag 4, 52396 Heimbach, Tel. 02446/805 79 14; Höfen, Hauptstraße 72, 52156 Monschau-Höfen, Tel. 02472/802 50 79; Nideggen, Im Effels 9, 52385 Nideggen, Tel. 02427/330 11 50

SEHENSWÜRDIGKEITEN

NATIONALPARK EIFEL: nationalpark-eifel.de
VOGELSANG IP: Vogelsang 70, 53937 Schleiden, Tel. 02444/91 57 90, vogelsang-ip.de
BURGENMUSEUM NIDEGGEN: Burg Nideggen, 52385 Nideggen, Tel. 02427/63 40, kreis-dueren.de/burgenmuseum
LVR-INDUSTRIEMUSEUM TUCHFABRIK MÜLLER: Carl-Koenen-Straße 25, 53881 Euskirchen, Tel. 02234/992 15 55, industriemuseum.lvr.de
BURG REIFFERSCHEID: Zehntweg, 53940 Hellenthal-Reifferscheid
BURG BLANKENHEIM: Burg 1, 53945 Blankenheim, Tel. 02449/950 90
WASSERBURG SATZVEY: An der Burg 3, 53894 Mechernich-Satzvey, Tel. 02256/958 30, burgsatzvey.de

◀ Ausstellung im Info- … ▶ … und Besucherzentrum Vogelsang IP

AUF EINEN BLICK

WOHNMOBILSTELLPLATZ RURSEE

ADRESSE: Rurseezentrum, Seeufer, 52152 Simmerath-Rurberg, Tel. 02473/937 70, rursee.de

ANFAHRT: Auf der B266 von Süden kommend in Simmerath auf die L128 einbiegen, die direkt zum Seeufer in Rursee führt, wo sich der Stellplatz befindet. Aus Norden kommend in Kesternich auf die L166 einbiegen und dann am Rand von Rurberg auf der L128 weiter.

GPS: 50.605440, 6.380730

Direkt am Rursee gelegener Stellplatz mit Rasengitter. Stromanschluss, Wasserentnahme und Entsorgung vorhanden. Öffentliches WC am Stellplatzrand und nur ein paar Schritte zum Strand des Freibads am See. Gut für eine Übernachtung.

WOHNMOBILHAFEN HEIMBACH

ADRESSE: An der Laag 4, Nationalpark-Tor Heimbach, 52396 Heimbach, Tel. 02446/14 97, wohnmobilhafen-heimbach.de

ANFAHRT: Auf der B265 den Abzweig nach Heimbach nehmen und im Ort kurz nach der Burg am Kreisverkehr in die erste Straße rechts einbiegen.

GPS: 50.636092, 6.473430

◀ Stellplatz Heimbach ▶ Infotafel an der Einfahrt zum Stellplatz

◀ Wohnmobilstellplatz in Rurberg am Rursee ▶ Geschafft!

Teils gepflasterter, teils mit Splitt befestigter Stellplatz für 19 Wohnmobile, jeweils mit Stromanschluss. Wasserentnahmestelle, Entsorgung von Müll und Chemie-WC (Kassette). Fahrzeuge mit Fäkalientank benötigen einen Schlauch zur Entsorgung. Duschmöglichkeit im 500 Meter entfernten Freibad.

WOHNMOBILSTELLPLATZ SCHLEIDEN

ADRESSE: Pfarrer-Kneipp-Straße, 53937 Schleiden-Gemünd, Tel. 0174/716 70 67, www.womo-nationalpark-eifel.eu
ANFAHRT: Von der B266 in die Marienstraße einbiegen, beim Kreisverkehr geradeaus weiter durch die Urftseestraße und nach ca. 750 Metern in die Pfarrer-Kneipp-Straße nach rechts einbiegen. Nach der Überquerung der Urft geht es im Bogen nach rechts zum Stellplatz.
GPS: 50.578397, 6.493137
40 Wohnmobilstellplätze und 15 Reserveplätze auf gepflastertem Untergrund oder Kieselsteinen, direkt am Kurpark. Alle Plätze haben Stromanschluss (16 Ampere), einige TV-Anschluss. Saubere, moderne Sanitäranlage, Brötchenservice, Liegewiesen, Hunde erlaubt.

ALTERNATIVEN

In Rursee gibt es noch eine Handvoll Campingplätze, aber auch in den Ortschaften am Rande des Nationalparks gibt es immer wieder Campingplätze, für den Fall, dass die oben genannten Stellplätze belegt sind.

ORTS- UND SACHREGISTER

Aachen 66 f., 73 ff.
Aachener Dom 75
Aachener Rathaus 77
Abtei Rolduc 50
Alsdorfer Weiher 47
Amstel Gold Race 43
Aubel 117 f.

Bierbrauerei Bosch 22
Blégny Mine 119
Botrange 140 f.
Broichbachtal 47
Burg Blankenheim 161
Burg Nideggen 99
Burg Reifferscheid 160
Burg Stolberg 85
Burg Untermaubach 98
Burg Wilhelmstein 47

Chaudfontaine 134

Dilsen-Stokkem 29
Dreiländerpunkt 65
Düren 95 ff.

Eijsden 30
Elsloo 28
Epen 60
Erlebnismuseum Lernort
Natur 151
Eupen 127ff., 121, 132, 139
Euregiozoo 78

Fort Eben-Emael 30

Gemünd 157
Geul-Tal 37
Gileppe-Talsperre 133
Gulpen 41
Gulpener Berg 42

Heimbach 157
Herver Käse 121
Herver Land 117 f., 121
Herzogenrath 48
Höfen 157
Hoscheider Venn 147
Hürtgenwald 158

Kastel Strijthagen 52
Kerkrade 50
Kloster Van-Dieu 117
Krawutschketurm 99

Kreuzau 98

Landgraaf 51
Limbourg 133
Limburger Biere 40
Limburger Vlaai 60
Limburger Weingüter 68
Lüttich 105 ff.
LVR-Industriemuseum
Euskirchen 160

Maasbracht 28
Maaseik 29
Maasmechelen 29
Maasplassen 11, 27 f.
Maastricht 15 ff.
Malmedy 141
Mechelen 42
Mheer 59
Monschau 151 ff.
Monschauer Land 152
Moresnet 123
Mosae Forum 15
Mulartshütte 145

Nationalpark Eifel 157 ff.
Naturpark Hautes Fagnes 139
Naturparkzentrum Haus
Ternell 147
Naturschutzgebiet Hohes
Venn 139
Naturschutzgebiet Schlangenberg 91
Naturschutzgebiet Struffelt 146
Noorbeek 57

Ohé en Laak 27
Olne 135
Oud-Rekem 29

Plombiéres 123

Rimburg 47

Roermond 27
Roetgen 10, 128, 145 ff.
Rotes Haus Monschau 152
Route Charlemagne 75
Rurtal 95 ff.

Schatzkammer Aachener Dom 76
Schloss Neuburg 41
See von Robertville 139
Siroperie Artisanale d'Aubel 117
Slenaken 60
Spaßtal Fun Valley 31
Stausee Untermaubach 99
Stevensweert 28
Stolberg 85 ff.

Thimister-Clermont 117

Vaals 65 ff.
Valkenburg 35 ff.
Vennvorland 145, 147
Verviers 134
Vicht 91
Vogelsang IP 159

Wasserburg Satzvey 161
Wasserschloss Burgau 97
Welkenraedt 122
Weser 127
Wesertal 127 ff.
Wesertalsperre 127
Wessem 28
Wijlre 38
Wildnis-Trail 157
Wollerscheider Venn 147
Wurmtal 48

Zerkall 157
Zinkhütter Hof 89

CAMPING- UND STELLPLÄTZE

Camping Anderegg (Waimes) 143
Camping Cauberg 45
Camping de Bosrand 25
Camping De Oosterdriessen 33
CP De Sangershoeve (Ohé en Laak) 33
Camping Domaine Wégimont (Soumagne) 115
Camping Faulenbruch (Roetgen) 148
CP Grensheuvel (Noorbeek) 62, 125
CP Haus Friedenstal (Abenden) 93, 103
Camping Hertogenwald (Eupen) 136
CP Hetzingen (Nideggen) 93, 103
Camping Hoeve de Gastmolen (Vaals) 70, 83, 93
Camping Kloostermuur (Noorbeek) 63
Camping Maashoeve (Ohé en Laak) 33
Camping Natuurlijk Limburg (Voeren) 125
Camping Perlenau (Monschau) 155
CP Schöne Aussicht (Waimes) 143
Camping Schrouff Vijlen 71, 83, 93
Camping Welkom (Noorbeek) 63
Campingpark Zum Jone-Bur (Monschau) 149
Reisemobilhafen Düren 93, 103
Wohnmobilhafen Heimbach 164
WoMoStpl. Alsdorf 54
WoMoStpl. Bad Aachen (Aachen) 83, 93, 103
WoMoStpl. Biesweg (Monschau) 155
WoMoStpl. Blégny Mine (Blégny) 115, 125
WoMoStpl. Burg Wilhelmstein (Würselen) 54, 83
WoMoStpl. Lac de la Gileppe (Jalhay) 137
WoMoStpl. Landgraaf 55
WoMoStpl. Maasterp (Ohé en Laak) 32
WoMoStpl. Maastricht 24
WoMoStpl. Marina Maastricht 25
WoMoStpl. Naturparkzentrum (Waimes) 143
WoMoStpl. Rursee (Simmerath-Rurberg) 164
WoMoStpl. Schleiden 165
WoMoStpl. Signal de Botrange (Waimes) 142
WoMoStpl. Stadtcamping Den Riesch (Valkenburg) 45
WoMoStpl. Wesertalsperre (Eupen) 137

IMPRESSUM

Verantwortlich: Kerstin Thiele
Lektorat: Daniela Hansjakob
Layout- und Umschlaggestaltung: Helene Schumacher
Satz: Silke Schüler
Repro: LUDWIG:media
Kartografie: Huber Kartografie
Herstellung: Anna Katavic

Printed in Slovenia by Florjancic

Unser komplettes Programm finden Sie unter www.bruckmann.de

★★★★★

Sind Sie mit diesem Titel zufrieden? Dann würden wir uns über Ihre Weiterempfehlung freuen. Erzählen Sie es im Freundeskreis, berichten Sie Ihrem Buchhändler, oder bewerten Sie bei Onlinekauf. Und wenn Sie Kritik, Korrekturen, Aktualisierungen haben, freuen wir uns über Ihre Nachricht an Bruckmann Verlag, Postfach 40 02 09, D-80702 München oder per E-Mail an lektorat@verlagshaus.de.

In diesem Buch wird aus Gründen der besseren Lesbarkeit das generische Maskulinum verwendet. Weibliche und anderweitige Geschlechteridentitäten werden dabei ausdrücklich mitgemeint, soweit es für die Aussage erforderlich ist.

Bildnachweis: Alle Bilder im Innenteil stammen vom Autor Hans Zaglitsch, außer: S. 5, S. 156, und S. 163 re: © Vogelsang IP, Michael Pfeiffer; S. 13 unten re, S. 34, S. 36 und S. 37: © Stichting Kasteel van Valkenburg; S. 41 oben li und unten re: © Bierbrauerei Gulpen; S. 74, S. 76 li und re: © Domkapitel Aachen, Helmut Rüland; S. 159 und S. 163 li: © Vogelsang IP, Roman Hövel; Illustrationen: Tiwat K/Shutterstock: passim

Umschlagvorderseite: Shutterstock/Henk Paul; Historische Brücke Sankt Servatius im Herzen der Stadt Maastricht
Umschlagrückseite: Hobby Wohnwagenwerk

Die Deutsche Nationalbibliothek verzeichnet diese Publikation in der Deutschen Nationalbibliografie; detaillierte bibliografische Daten sind im Internet über http://dnb.d-nb.de abrufbar.

ISBN 978-3-7343-2061-3